時代劇・歴史ドラマは台詞で決まる！

――世界観を形づくる「ヴァーチャル時代語」

はじめに
――世界観を形づくる「ヴァーチャル時代語」

◉田中ゆかり

「まろ」といえば「公家」、「拙者」といえば「武士」、「わらわ」といえば「姫」。

登場人物たちに与えられる台詞には、時代劇・歴史ドラマの世界観が凝縮されています。時代劇が時代劇らしくあるためには、衣装・小道具やセット、立ち居振る舞いなどが「らしく」あることが大切ですが、聞き逃してはならないのは登場人物たちに与えられた台詞です。

私たちは、過去を舞台とする時代劇・歴史ドラマという仮想の空間の世界観を形づくる台詞を「ヴァーチャル時代語」と呼び、そのありかたについて考えるシンポジウム「時代劇・歴史ドラマは台詞で決まる！」を企画・開催しました。

シンポジウムでは、テレビドラマ史上もっとも長い時代劇・歴史ドラマシリーズであるＮＨＫの大河ドラマを中心に、時代劇・歴史ドラマの台詞を言語・文化研究の立場から捉え直そうと試みました。

第一部では、役割語研究の立場から金水敏（大阪大学大学院文学研究科教授）、ヴァーチャル方言研究の立場から田中ゆかり(日本大学文理学部教授)、歌舞伎研究の立場から児玉竜一（早稲田大学演劇博物館副館長・同大教授）が登壇し、それぞれの立場から具体的な時代劇・歴史ドラマの台詞を取り上げ、それらに凝縮された世界観の成り立ちやその変遷などをたどりました。

第二部では、テレビドラマの現場からゲストをお招きし、具体的な番組を取り上げながら制作者サイドからの台詞づくりに関する考え方や工夫についての制作秘話をうかがいました。ご登壇いただいたのは、大河ドラマ『新選組！』（二〇〇四年放送）や『真田丸』（二〇一六年放送）の制作に深く関わった吉川邦夫氏（ＮＨＫエンタープライズ エグゼクティブ・ディレクター［当時］、現在は、ＮＨＫ放送文化研究所メディア研究部副部長）と、『考証要集　秘伝！ＮＨＫ時代考証資料』（二〇一三年、文春文庫）の著書をもつ時代考証のプロとしてドラマをはじめ歴史ドキュメンタリー等の制作にも関わる大森洋平氏（ＮＨＫドラマ番組部 シニアディレクター 時代考証担当）です。

また、第二部の後半では、第一部登壇者を交えながらの公開インタビューののち、フロアとの質疑応答を行いました。

この冊子は、二〇一八年三月九日に早稲田大学小野記念講堂において開催したシンポジウムの記録です。当日内容の文字起こしを基本としていますが、時間の関係で説明ができなかったところや、文意の通りにくいところなどを中心に加筆・修正すると同時に、理解の助けとして脚注を適宜挿入しました。フロアからの質問については、その回答と併せて「フロアとのやりとり」としてまとめました。質問内容・質問者のお名前・所属についてはご本人に確認・了解の上で、掲出しています。また、発言等に際して参考とした文献一覧、ならびに大河ドラマの「方言指導」に着目した年表も巻末に付しました。

お運びくださった方は当日の様子を思い出しながら、本冊子で私たちの企画を知ったみなさまには当日の様子を想像しながら、楽しんでいただけると幸いです。

【目次】

本文イラスト◉森田　伸

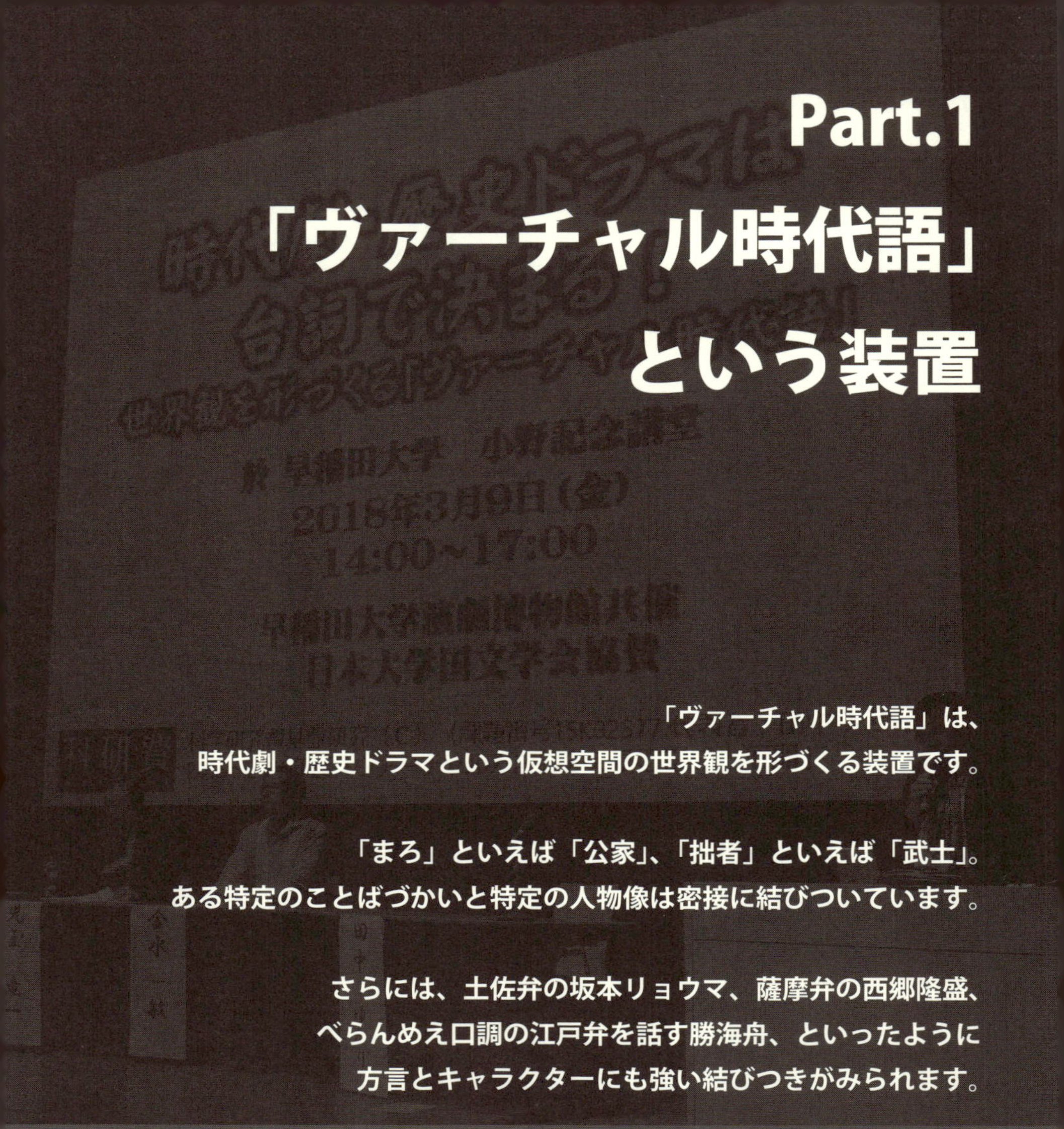

Part.1
「ヴァーチャル時代語」という装置

「ヴァーチャル時代語」は、
時代劇・歴史ドラマという仮想空間の世界観を形づくる装置です。

「まろ」といえば「公家」、「拙者」といえば「武士」。
ある特定のことばづかいと特定の人物像は密接に結びついています。

さらには、土佐弁の坂本リョウマ、薩摩弁の西郷隆盛、
べらんめえ口調の江戸弁を話す勝海舟、といったように
方言とキャラクターにも強い結びつきがみられます。

これらは現代になって生み出されたものではありません。
歌舞伎など古典演劇のなかにも存在しています。

台詞に凝縮された世界観の成り立ちやその変遷をたどります。

●写真提供　日本大学

1 役割語としての「ヴァーチャル時代語」

◉金水 敏

役割語とは何か

まず、「役割語」とは何なのか、ということですが、次のイラストを見てください（図1）。五人の人物が写っていますけれども、全く内容的に同じことをこの五人が言うとどうなるか。「私は知っています」ということを言うとすると、左から順におじいさんなら「わしは知っとるんじゃ」というようにいって、このお母さんみたいな人が「あたしは知ってるわ」と言って、このマッチョのお兄さんだったら「おれは知ってるぜ」、男の子なら「ぼくは知ってるのさ」。で、この気取ったお姉さんなら「あたくしは存じておりますわ」と、こんなふうに言うと、しっくりくるという感じです。

これをちょっとかき混ぜると（図2）、ちょっとしっくりこないなと、かなり変だなと。左側のおじいさんなんか、かなり変です。こんなふうに、台詞と人物像というのが、日本語の場合は、かなり狭くマッチしていて、それがちょっと狂っただけでも変な感じがする。

●プロフィール
金水敏（きんすい・さとし）
大阪大学大学院文学研究科教授。一九五六年大阪府生まれ。専門は日本語学（文法史）。著書に『ヴァーチャル日本語　役割語の謎』（岩波書店、二〇〇三）、『日本語存在表現の歴史』（ひつじ書房、二〇〇六）、『役割語研究の地平』（くろしお出版、二〇〇七）、『コレモ日本語アルカ？　異人のことばが生まれるとき』（岩波書店、二〇一四）ほか。

これを英語で考えてみると、みなさん、五種類言い分けられますか？　ちょっと無理ですよね。「I know that」と言うしかないわけで、そういう意味では、英語には日本語のような細かい言い分けはないんだということがわかります。

さて、こういうのを「役割語」と言いまして、私はいくつか本も書いています。その一冊は、二〇一四年に出た『ドラマと方言の新しい関係　『カーネーション』から『八重の桜』、そして『あまちゃん』へ』（笠間書院）でして、当シンポジウムの一つ前のものを書籍化したんですけれども、「ヴァーチャル方言」について扱ったものです。「役割語」とは、ある特定のことばづかいと特

図１

図２

定の人物像が、連想関係にあるということです。ことばづかいを聞いて、それを話している人物像を思い浮かべることができる時、それを「役割語」と言いましょうと。

この役割語については、『〈役割語〉小辞典』（二〇一四年、研究社）というものが出ていて、そこにどんな役割語があるのかということをラベルとして列挙してみると、次のようになります。

・性差で分類：男ことば、女ことば、①書生語、少年語、お嬢様ことば、奥様ことば、おネエことば

・年齢・世代で分類：老人語、おばあさん語、幼児語

・職業・階層で分類：博士語、上司語、お嬢様ことば、奥様ことば、やくざことば、ヤンキー語、スケバン語、②軍隊語、③遊女ことば、④王様ことば、お姫様ことば

・地域で分類：田舎ことば、大阪弁・関西弁、京ことば、九州弁、土佐弁、沖縄ことば、片言、ピジン、アルヨことば

・時代で分類：⑤武士ことば、⑥忍者ことば、⑦公家ことば、③遊女ことば、⑧町人ことば、⑨股旅ことば

・人間以外の話者：宇宙人語、ロボット語、神様語、幽霊ことば、動物語

特に時代での分類による武士ことば、忍者ことば、公家ことばについては後で詳しくみることにします。まず、⑧町人ことば。町人というのは、江戸町人のことです。「てやんでぇ、べらぼうめぇ」みたいなやつですね。④王様というのは西洋の王様とか、お姫様。あと職業ですね。それから②軍隊語というのは、昔の陸軍の「自分は～であります」みたいなやつですね。

それから、③遊女、いわゆる「ありんす」ことば、こういうものは時代語にもなるかと思います。それから、①書生というのは、明治時代の学生のことばづかいで、この書生ことばから「僕」というのが広まりました。「諸君」「失敬」「すわりたまえ」、こういうものが、書生ことばから広まったと言われています。

古文こそが当時の話しことば

さて、では時代劇で昔の人が出てきて、何かことばを話す時に、例えば、鎌倉時代を舞台にした時代劇があって、その人たちが使っていることばは鎌倉時代のことばなのか？　というと、必ずしもそうではないというか、もう全然違うということなんです。例えば平安時代ですと、この文例は『源氏物語』なんですけれども（読みやすくするために少し変えてあります）、

（侍女）「なにごとぞや」（なにごとですか）

子なめりと見給ふ。（自分の子供なんだろうとごらんになる）（中略）

（若紫）「雀の子をいぬきが逃がしつる。伏せ籠《ご》のうちに籠めたりつるものを」（雀の子を飼っていたのに、いぬきちゃんが逃がしちゃったの。籠の中に閉じ込めておいたのに）

というような、この若紫の台詞ですが、これはまったく古文ですよね。案外気が付かないんですけど、平安時代の人は、古文でしゃべっていた。古文こそが当時の話しことばだということなんですね。

鎌倉時代でも平安時代とあまり変わりません。これは『平家物語』からなんですけど、

「なんでうさやうのあそびものは、ひとの召しに従ふてこそ参れ、左右なふ推参するやう

やある」(なんだ、そういう芸能者は、人の呼び出しに従って参るものだ。自分からやってくるということがあるものか)(『平家物語』覚一別本)

こんなしゃべり方をしていたわけです。

これが室町時代になると、ぐっと現代に近づいてきます。

「なんぢゃ？　そのやうな遊び者はひとの召しに従うてこそ来るものなれ、さうなう推参することがあるものか？」(同右)(『天草版平家物語』)

ずいぶん現代風です。これは『天草版平家物語』という作品で、一五九三年、キリシタンの人たち、イエズス会の人たちの一人(日本人)が、古典の平家物語を現代人にも、その当時の人にもわかりやすいように、当時の話しことばで翻訳したものです。ですから、戦国時代の、ひょっとしたら京都の人とか大名が、こんなふうにしゃべっていたかもしれない、とそういう資料になっています。▼注(1)

次は江戸時代です。これは文楽からの例ですけれども、この辺は⑤武士のことばですね。正確には武士に化けた町人の台詞なんですけれども、

「なう小春殿、宵からの素振、ことばの端に気を付くれば、花車が話の紙治とやら、心中する心と見た、違ふまい」(のう小春殿、宵からの素振りやことばの端々に気を付けると、女主人の言っていた紙治とやらいう男と心中するつもりと見た。そうだろう)(『心中天網島』)

いかにも武士らしいですけれども、この当時はもう演劇として完成されていますから、これ自体が当時の役割語だった可能性があります。

江戸時代後半になると、日本語史の中に江戸語というものが出てくるんです。これは、上方

注1▼今野真二(二〇一五)。

女と江戸の女がしゃべっているところなんですけれども、

「いっこうようそめてじゃなぁ」(とても上手に染めてあるね)

「薄紫といふやうなあんばいでいきだね」(薄紫というような様子で粋なことだね)(『浮世風呂』)

このうちの最初の台詞では、「そめてじゃ」。「じゃ」を使ってますね。これは上方の女です。次の台詞はお山さんという江戸の女です。「いきだね」。「だ」と言ってますね。「だ」と「じゃ」の違い、これはちょっと覚えておいてください。

それからこれはですね、後で児玉さんが話してくださる歌舞伎の内容なんですけれども、

「ハテ、忘れなすったか、わしが女房の姉と言うは、四谷左門が娘のお岩。わしが女房は妹のお袖。そんならまんざら、わしとおまへはかたき同士。ここで逢うたがうどんげの、女房が姉のお岩のかたき、民谷伊右衛門、イザ、立ち上がってせいぶなせい」(さて、忘れなさったか、私の女房の姉というのは、四谷左門の娘のお岩だ。私の女房はその妹のお袖。それなら言ってみれば、私とおまえとは敵同士。ここで会ったのが千載一遇、私の女房の姉であるお岩の敵、田宮伊右衛門、いざ立ち上がって勝負しなさい)(『東海道四谷怪談』)

というところで、このへんはちょっと武士っぽいんですが、このあとに続く「そこをいわねぇの」(そこを、そうは言わないんだよ)のあたりは江戸っ子の話しことばになっています。

こういうような、歌舞伎口調というのが、これは当時の江戸のことばに基づいていて、こんなふうに国語資料を見ていくと、よくわかる部分と実は結構わからない部分がある。ちょっと

おさらいしておくと、鎌倉時代以前は、古文みたいにしゃべっている。しかも、身分の高い人のことばしかわからないんですよね。

室町時代になると、ぐっと現代に近づくんですが、室町時代資料では、「じゃ」とか「ぬ」とか「ござる」「いたす」「申す」、これは武士ことばに限りません。みんなこういうふうに言っていました。戦国時代の武将たちがどういうふうに話していたか、よくわからないんですが、さっきのキリシタン語みたいなものかもしれません。ただ、身分が低い人は、たぶん方言をしゃべっていたので、お互いに通じません。上層の武士は、おそらく幕府で会議をするというようなことがありましたから、共通語、京都風の共通語があったんだろうと考えられます。下層の農民・町民のことばは、本当によくわかりません。

それから、江戸時代になると、さっき見たような文芸や演劇でいろんな身分の人が出てくるんですけれども、前半は上方のものしかありません。後半になると、江戸語の資料が出てくる。でもこれらの資料は、それ自体が当時の役割語になっていて、リアルなことばづかいというのは実はあまり記録がない。ましてや、武士というのは一番偉い人たちですから、あまり作品の素材にすると駄目なので、叱られますから、リアルな武士の話し方を示した資料は案外ないんですね。リアルな武士の話ことばについて研究した本というのは、私が知っているだけでも片手で余ってしまうくらいしかありません。▼注(2)

さまざまな時代語キャラ

では、役割語として今私たちが知っている時代語キャラにはどんなものがあるか。さっきの

注2▼佐藤志帆子（二〇一四）。諸星美智直（二〇〇四）。

時代で分類したラベルで見ると「まろは〜でおじゃる」とは⑦公家ことばですね。みなさん例えば、『おじゃる丸』（NHKエンタープライズ、一九九八年〜放送）というアニメ作品をご存じでしょうか。これは平安時代から来た妖精で、「まろの屋敷にはお付きのものが五〇人もおじゃる」などというような台詞を話します。それから、『それいけ！ アンパンマン』（日本テレビ、トムス・エンターテインメント、一九八八年〜放送）に出てくる、「茶碗蒸しまろ」というのがいるんですけれども、そういうアニメのキャラクターでご存じかもしれませんが、この「まろは〜でおじゃる」という言い方は、最初に作られたのはいつかということを調べてみると、実は、映画『柳生一族の陰謀』（東映、深作欣二監督、一九七八年公開）で三条大納言実条を演じた梅津栄という人がどうやら考えついたらしい。あと、テレビドラマの『水戸黄門』▼注(3)に一条三位という人が出てきて同じような言い方をしています。これは一九八八年のことだったんですね。

⑨股旅キャラというのは、「あっしは〜でござんす」という、ヤクザ・任侠あるいは、各地を旅する三度笠▼注(4)。道中合羽《かっぱ》に手甲脚絆《てっこうきゃはん》▼注(5)というような姿で、旅をしていく。これは『沓掛《くつかけ》時次郎』（一九二八年）という長谷川伸▼注(6)の小説で、非常に有名になりまして、「あっしは旅人でござんす。一宿一飯の恩があるので怨みもつらみもねえお前さんに敵対する、信州沓掛の時次郎というくだらねぇものでござんす」という言い方。これも、どんどん時代が下ってくると、『アンパンマン』の「おむすびまん」につながっています。

『沓掛時次郎』は一九六一年に市川雷蔵主演で映画化されていますが、その翌年に、大阪のテレビで『てなもんや三度笠』（朝日放送、一九六二〜六八年放送）というのがありまして、

注3▼TBS、月曜午後八時スタートの長期テレビ時代劇シリーズ。主人公・水戸光圀とその一行による全国漫遊もの。一九六九年に第一部がスタート、二〇一一年放送の第四三部まで制作された（二〇一五年には単発のスペシャル番組が放送される）。各部の放送期間は概ね半年。

注4▼顔を深く覆う管笠。

注5▼手の甲やすねを守るために着ける衣類。

注6▼小説家、劇作家。一八八四〜一九六三年。横浜市生まれ。貧しい幼少期を経て、兵役、新聞記者、従軍記者などを経験。『沓掛時次郎』（一九二八年）により劇

私これはよく見ていたので、主題歌も歌えるぐらいなんですけれども、主人公は、「あんかけの時次郎」と言うんですね。つまり、「沓掛時次郎」のパロディだったんです。それから、七〇年代になると『木枯らし紋次郎』（C．A．L・フジテレビ、一九七二年放送）のブームが起きまして、覚えていらっしゃる方もいると思いますが、長い爪楊枝をくわえて「あっしには関わりのねえことでござんす」という台詞が、大変ヒットいたしました。さっき言った『アンパンマン』に出てくるのが「おむすびまん」ですね。『アンパンマン』はよい子が見るアニメなので、おむすびまんは博打はしません。とってもよい子です。

　そして、忍者キャラ「拙者は～でござる」という言い方。⑥忍者ことばというのが、みなさん実在すると思っているかもしれませんが、忍者というのはスパイですから、「拙者は〇〇でござる」といった途端、「お前忍者だろう」と、ばれると困るんですよね。ですから、忍者ことばというのはありません。むしろ、その土地土地の方言をいかに聞き取って盗むかという、そういう忍者の教本が実際にあるくらいで、[注7] 忍者には決まったことばは、むしろないんです。

　ところが忍者を扱った作品、特にマンガなんかですと、年老いた忍者は老人語を使っている、「わしは～じゃ」。少年忍者は「拙者は～でござる」というような、いわゆる忍者ことばを使うらしい。ま、これも一部分ですよ。青年忍者はほとんど使いません。そして女忍者は、お嬢様ことばを使うというようなことを、秋月光太郎さんが研究しています。それによると、最初にこの「～でござる」という忍者ことばを使ったのは、どうやら杉浦茂という漫画家らしいと。[注8]『猿飛佐助』というんですが、「せっしゃは猿飛佐助でござる」というような言い方で、これは少年忍者です。そのあとですね、これはみなさんよくご存じかもしれません、『忍者ハットリくん』

作家の地位を確立、股旅ものの元祖として知られる。同作は、沢田正二郎による上演が大きな反響を呼び、戦後は市川雷蔵主演で映画化もされた（大映、池広一夫監督、一九六一年公開）。

注7▼山田雄哉（二〇一四年、二二八―二五二頁）参照。

注8▼秋月高太郎（二〇一四年、二二七―二四〇頁）参照。

（藤子不二雄Ⓐ、光文社『少年』一九六四～六八年、小学館『コロコロコミック』他一九八一～八八年連載）では「拙者、ハットリカンゾウと申す」というような言い方をしています。

だから、この辺りから一般的になってきたのかなと思うんですが、『おかあさんといっしょ』（ＮＨＫ、一九五九年～放送）というＮＨＫの番組の中で『ぼくは忍者』という歌を流していて、ちょうど私が子育てしている頃に子供と一緒に見ていたのでよく覚えていたんですけれども、〽じつをもうせば　せっしゃはにんじゃ　にんじゃでござる（作詞：吉岡オサム）というのがありまして、あと、『ちょんまげマーチ』というのがあって、〽ちょんまげ　ちょんまげ　ちょんまげ　マーチ　ござるで　ござるで　ござるでござる（作詞：井出隆夫）というのがあって、そういうので忍者ことばを身につけた。というような、今の子供たちというか、今の大学生からその後ぐらいの子供たちは、そんな感じで覚えてるのかなぁと思います。

これらマンガの連載時期に注目してもらいたいのですが、ブームはだいたい一九六四年から始まっています。六〇年代というのは、一大忍者ブームで、ちょうど私の小学校高学年ぐらいからで、だから、もう本当に子供たちは忍者に燃えていました。私も大好きでした。白土三平の『忍者武芸帳』（一九五九～六二年、三洋社）とか『カムイ外伝』（第一部、小学館『週刊少年サンデー』一九六五～六七年、第二部、小学館『ビッグコミック』一九八二～八七年連載）はね、難しすぎるんで、あまり読んでないんですけれども、わかりやすい横山光輝の『伊賀の影丸』（小学館『週刊少年サンデー』一九六一～六六年連載）なんかは大好きでしたね。「木の葉隠れ」という技があったりして。テレビドラマだと『隠密剣士』（ＴＢＳ、一九六二～六五年放送）。秋草新太郎という、諸国を回ってゆく、武士だけど忍者というキャラクターです。「霧の遁兵衛《とんべえ》」という役を、牧冬吉という人がやってました。それから、アニメ『少年忍者風のフジ丸』（東映動画、一九六四〜六五年放送）。こういうのを見ると、本当に懐かしくて涙が出そうですけれども、やはり六四年から六五年の放送です。それからちょっと遅れて、ドラマ『仮面の忍者赤影』（東映京都・関西テレビ、一九六七〜六八年放送）。さっきの『隠密剣士』の「霧の遁兵衛」をやっていた牧冬吉が、ここに「白影」として出ております。これは、忍者ことばとはあまり関係ないんですけれども、六四年から始まったドラマ『忍者部隊月光』（国際放映、一九六四〜六六年放送）、これは、現代の世界に忍者がいて戦争する、というそういうドラマなんですね。

時代語は、単に時代劇にとどまらず、例えば西洋の騎士もの、韓流ドラマ、中国王朝もの、特に『三国志』とかですね、こういうものに応用されている。古い人を表すときにこういう時代語が使われる。あるいは、そういう史実をふまえた歴史ものだけじゃなく、ファンタジーですね。横山光輝の『三国志』（潮出版社『希望の友』『少年ワールド』『コミックトム』一九七一〜八七年連載）では、「なんという凛々しい少年じゃ」というような、時代劇ふうのことばを使っています。ジブリアニメの『千と千尋の神隠し』（スタジオジブリ、宮崎駿監督、二〇〇一年公開）でも、カエルの変化《へんげ》した風呂屋の従業員が、「えい、静まれ」とか言ってますね。

これから調査を進めるべきテーマ

でも、案外「役割語」としての武士ことばがどのようにして形成され、今日までに継承されてきたか、これが研究テーマとして残っています。つまり、資料に現れた武士の言語の実態とは違うところがあるんですね。

あと、時代語のコスプレですね。「方言コスプレ」ということばが、田中ゆかりさんによって発明されましたが▼注(9)、時代語のコスプレというのがあるんですよね。

それから、属性表現というものを、西田隆政さんという方が研究なさっていますが▼注(10)、キャラクターを属性で分けていくと、時代語をしゃべる属性というのと、女っぽい属性、老人属性とか、方言属性、こういうものの力関係を見ていくと、男は時代語を使うんだけれども、案外若い女は普通の女ことばを使っている。特にこれは、NHK大河ドラマ『真田丸』（二〇一六年放送）のきりがそうでしたけれども、寧《ねい》は方言キャラでした。老人は老人キャラで、老人属性を持ってる人は老人語を使う。案外、属性同士の力関係を並べていくと、老人属性が一番強いんじゃないかと僕は思っているんですけれども、こういうふうに属性といった方面から見ていくと面白いんじゃないでしょうか。

また「キャラ語尾化」ということについて。マンガ『るろうに剣心―明治剣客浪漫譚―』（和月伸宏、集英社『週刊少年ジャンプ』一九九四〜九九年連載）の台詞で、「なにか聞きたげな表情でござるが」というようなものがありますが、この「ござる」の使い方は許せるんですけれども、例えば「〜するでござる」などという、動詞の終止形のうしろに「ござる」が付くのは、もともと侍ことばになかった表現なんです。このように、本来動詞に直接付かないはずの表現が付くようになるという現象を、「キャラ語尾化」と言っています▼注(11)。

ちょっと時間超過しましたが、役割から見た時代語ということで、お話をいたしました。ありがとうございました。

注9▼田中ゆかり（二〇一一・二〇一六）

注10▼西田隆政（二〇一〇・二〇一二・二〇一八）

注11▼金水敏（二〇一五）

2 方言ヒーロー／ヒロインは、幕末ものに咲く！

◉田中ゆかり

テレビドラマは方言の価値と位置づけの変遷を映す鏡

金水さんには、包括的にヴァーチャル時代語についてお話しいただきました。金水さんは私よりちょっとお兄さんなので、私の幼少期を忍者ものコンテンツで示すならば、テレビドラマ『仮面の忍者赤影』（東映京都・関西テレビ、一九六七〜六八年放送）です。

私は、時代劇歴史ドラマに登場する方言ヒーロー／ヒロインに着目してみたいと思います。タイトルがすでにこのパートの結論なんですけれども、時代劇の中に方言ヒーロー／ヒロインが出てくるのは、もうほとんど幕末ものに限られているのです。それはなぜか？　といったことなども含め、私のパートではお話できればと思います。

まず、テレビドラマは創作物、すなわち仮想の世界ですから、そこで使われている日本語もリアルな日本語がそのまま使われているというわけではありません。一方、テレビドラマのような創作物は、リアルな日本語社会や日本語を映す鏡であるのと同時に、リアルの世界とヴァ

●プロフィール
田中ゆかり（たなか・ゆかり）
一九六四年生まれ。神奈川県厚木市生育。日本大学文理学部教授。博士（文学）。専門は日本語学（方言・社会言語学）。著書に、『首都圏における言語動態の研究』（笠間書院、二〇一〇）、『「方言コスプレ」の時代―ニセ関西弁から龍馬語まで』（岩波書店、二〇一一）、『方言学入門』（共著、三省堂、二〇一三）、『ドラマと方言の新しい関係―『カーネーション』から『八重の桜』、そして『あまちゃん』へ』（共著、笠間書院、二〇一四）、『日本のことばシリーズ14　神奈川県のことば』（編共著、明治書院、二〇一五）、『方言萌え!?―ヴァーチャル方言を読み解く』（岩波ジュニア新書、二〇一六）など。

ーチャルの世界の往還装置でもあります。テレビはインターネット社会を迎え、従来ほど大きな力は持たなくなりつつあるようですが、それでもリアルとヴァーチャルの主要で強力な往還装置でもあるわけです。

また、テレビドラマで使われる日本語が仮想の日本語であるのと同様に、そこで用いられている方言も仮想の方言、すなわちヴァーチャル方言です。仮想の日本語＝ヴァーチャル日本語も、仮想の方言＝ヴァーチャル方言も、それぞれリアルな生活の中の素のことばを資源とするもので、それに何らかの水準で編集・加工が施されたものと定義することができます。

テレビドラマは、先に述べたように日本語社会のリアルを映すのと同時に、リアルな日本語社会に大きなインパクトを与える力を持つ装置です。そのようなテレビドラマに現れるヴァーチャル方言が、どのようなものであるのかを知ることは、日本語社会における方言の価値と位置づけの変遷をたどるひとつの手かがりということができます。

記憶に残る「方言コンテンツ」「方言キャラ」ベスト10

さて、時代劇・歴史ドラマにおけるヴァーチャル方言と方言キャラという話題に入る前に、日本語社会において記憶される「方言コンテンツ」と「方言キャラ」について尋ねた調査結果をお目にかけたいと思います。これは、二〇一五年に、一万人超の方々にＷｅｂアンケートの形式でうかがったものをまとめたものです。若い方からご年配の方々まで、北は北海道から南は沖縄まで、男女も実際の人口比に従った形でお聞きしています。ざっくり現代の日本語社会を反映するように設計した調査ということです。お尋ねしたのは、「記憶に残る方言コンテンツ」

「記憶に残る方言コンテンツ」上位10作品（2015年全国方言意識Web調査、有効回答数＝10,689）

順位	タイトル	回答数	放送枠など
1	あまちゃん	975	ＮＨＫ連続テレビ小説 2013年度前期
2	おしん	471	ＮＨＫ連続テレビ小説 1983年度
3	まれ	400	ＮＨＫ連続テレビ小説 2015年度前期
4	北の国から（シリーズ）	317	フジテレビ金曜劇場 1981～1982年（連続） ※1983～2002年スペシャルドラマ（全8シリーズ）
5	ちゅらさん	290	連続テレビ小説 2014年度前期 ※第4シリーズまで同局別枠で制作
6	仁義なき戦い	180	東映（深作欣二監督） ※モデル小説飯干晃一1973年『仁義なき戦い 広島やくざ・流血20年の記録』（サンケイ新聞社出版局） ※他監督シリーズ3作有
7	龍馬伝	173	ＮＨＫ大河ドラマ 2010年
8	花子とアン	133	ＮＨＫ連続テレビ小説 2014年度前期
9	カミングアウトバラエティ!! 秘密のケンミンSHOW	121	読売テレビ制作　2007年～ 日本テレビ系列放送（毎週木曜夜）
10	鬼龍院花子の生涯	106	東映（五社英雄監督） 原作小説：宮尾登美子1980年『鬼龍院華子の生涯』（文藝春秋） ※民放ドラマ化2回（TBS1984年、テレビ朝日2010年）

表1

と「方言キャラクター」で、これからお示しするのは、それぞれのベスト10です。

人間はわりあい直近の記憶が反映されるものなので、調査時点の二〇一五年直近のコンテンツとキャラが目立ちますが、それを超えて入っているものもあります。まずは、「記憶に残るコンテンツ」のベスト10をご覧ください（表1）。こんな感じなんですね。見ていただいて「ああ、ああ、ああ、ああ」といったところがあると思うんですが、ベスト10のうち、ＮＨＫの連続テレビ小説・通称朝ドラが5、大河ドラマが1入っています。続いて、「記憶に残る方言キャラ』のベスト10をご覧ください（表2）。これは、先ほどの「記憶に残る方言キャラ」よりも朝ドラ優位が鮮明になっているのと、大河のリ

「記憶に残る方言キャラ」上位10キャラ（2015年全国方言意識Web調査、有効回答数=10,689）

順位	登場人物名	回答数	放送枠・メディアミックス等
1	天野アキ	405	NHK連続テレビ小説『あまちゃん』 宮藤官九郎作、2013年度前期
2	紺谷（津村）希	277	NHK連続テレビ小説『まれ』 篠崎絵里子作、2015年度前期
3	田倉（谷村）しん	274	NHK連続テレビ小説『おしん』 橋田壽賀子作、1983年度 ※アニメ映画化（1984年、サンリオ映画）、舞台化（明治座、1984年）、小説化（NHK出版、2003年）、映画化（東映、2013年）、
4	坂本龍馬	123	NHK大河ドラマ『龍馬伝』 福田靖脚本、2010年
5	村岡花子 （安東はな）	93	NHK連続テレビ小説『花子とアン』 中園ミホ脚本、2014年度前期
6	黒板五郎	92	フジテレビ金曜劇場『北の国から』 倉本聰脚本、1981～1982年（連続） ※1983～2002年までスペシャルドラマ全8シリーズ
7	服部平次	69	小学館『少年サンデー』連載『名探偵コナン』 青山剛昌、1994年～ ※テレビアニメ（日本テレビ、1996年～）、映画（東宝、1997年～）他
8	坂本竜馬	66	NHK大河ドラマ『竜馬がゆく』 水木洋子脚本、1968年 ※原作小説（産経新聞、司馬遼太郎1962～66年） ※民放ドラマ化4回（テレビ朝日1965年、テレビ東京1982年・2004年、TBS1997年）
9	古波蔵ハナ（おばあ）	62	NHK連続テレビ小説『ちゅらさん』 岡田惠和作、2001年度前期 ※第4シーズンまで制作
10	亀山政春（マッサン）	50	NHK連続テレビ小説『マッサン』 羽原大介作、2014年度後期

表2

ヨウマ2キャラが入ってきます。

記憶に残る方言コンテンツと方言キャラベスト10、この二つの結果を合わせてみると、記憶に残る方言キャラ&コンテンツとはどのようなものなのかが浮かび上がります。まずは、現代劇。それから、大河・朝ドラのような放送期間が長いもの。民放の『北の国から』や映画『仁義なき戦い』などの長期シリーズもの、『名探偵コナン』はマンガの連載・テレビアニメの放送期間が長い上に、アニメ映画なども制作されており、メディアミックスもされている。メディアミックスといえば、小説が映画化・テレビドラマ化された『仁義なき戦い』『鬼龍院花子の生涯』なども それに相当します。そして、賞を取ったり、流行語大賞を取ったりといったような公開時に評判になっているものが「記憶に残る」条件といえそうです。となるとやはり、その日本語社会の中に生きる私たちに、極めて大きなインパクトを与えているシリーズとしては、ＮＨＫの朝ドラと大河は外せないといったことになるわけです。

「仮想の時代語＋仮想の方言」理解の難しさ

朝ドラは一九六一年から、大河ドラマは一九六三年から放送開始されたテレビシリーズで、日本最長のテレビシリーズです（図１）。

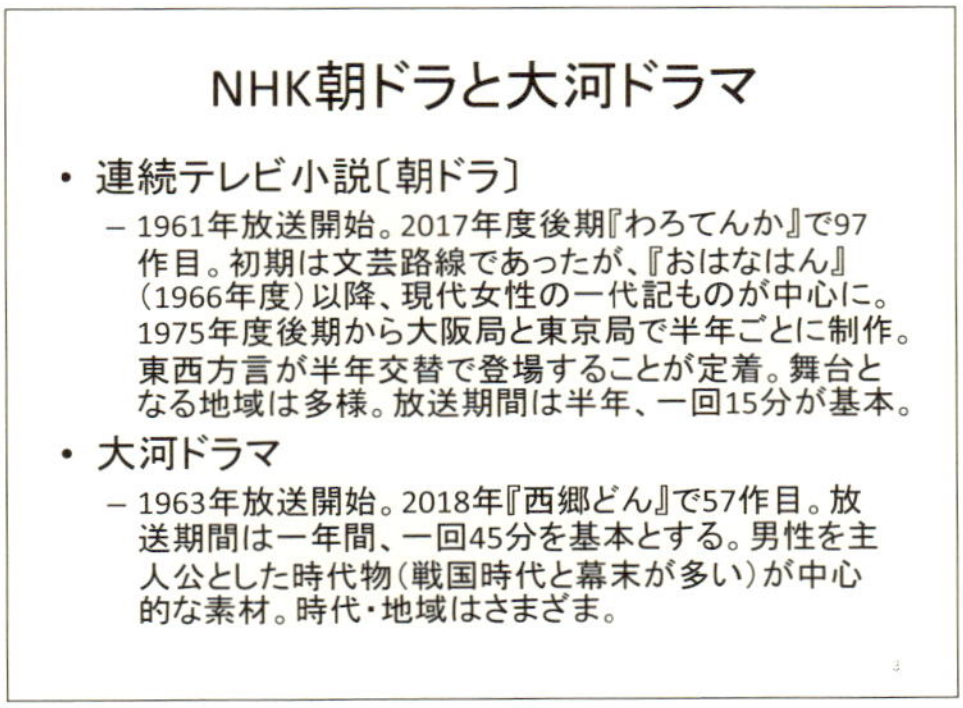
NHK朝ドラと大河ドラマ
• 連続テレビ小説〔朝ドラ〕
– 1961年放送開始。2017年度後期『わろてんか』で97作目。初期は文芸路線であったが、『おはなはん』（1966年度）以降、現代女性の一代記ものが中心に。1975年度後期から大阪局と東京局で半年ごとに制作。東西方言が半年交替で登場することが定着。舞台となる地域は多様。放送期間は半年、一回15分が基本。
• 大河ドラマ
– 1963年放送開始。2018年『西郷どん』で57作目。放送期間は一年間、一回45分を基本とする。男性を主人公とした時代物（戦国時代と幕末が多い）が中心的な素材。時代・地域はさまざま。

図１

朝ドラは基本、女性の一代記を描く現代劇です。そして一九七五年以降は、春は東京局、秋は大阪局と東西局交代で、制作されており、すでにその主要舞台は、47都道府県を網羅しています。ドラマの主要な舞台で生活するヒロインであることを印象づけるために、地域差を現す方言の台詞は有効です。よって、そのようなドラマ特性からして朝ドラに「方言ヒロイン」は多出しやすく、結果、方言コンテンツとしても方言キャラとしても「記憶に残りやすい」というわけです。

一方、大河ドラマの基本は、時代劇・歴史ドラマで、主として主人公格は男性です。時代はさまざまですが、戦国、幕末ものが多い。主要舞台は、朝ドラ同様に全国各地なのですが、朝ドラの主人公格に「方言ヒロイン」

が多く登場するのに比べ、主人公格が方言を使う「方言ヒーロー」はあまり多く現れません。これは、大河ドラマの基本が時代劇であるために、仮想の世界を形づくる前提として仮想の時代語が優先され、地域差を現す仮想の方言がせり出しにくいというドラマ特性によるものです。

先ほどの「記憶に残る方言コンテンツ」「方言キャラ」ともに朝ドラ率が高かったのは、このようなことによるわけです。

このことをもう一度、ここまでのところを少しまとめながらお話すると、ドラマというのは仮想空間で、「らしさ」の演出の一種として仮想言語が用いられているものです。現代劇のドラマは、当然ながら現代語がベースとなっている仮想言語世界なので、地域差を表現するヴァーチャル方言の台詞が投入されたとしても、視聴者にとっては、仮想の階段をひとつ上がるだけなので、あまり違和感なく受け止めることが可能です。一方、時代劇というのは、そもそも時代が今ではない、といったようなことを示すことが重要ですから、時代劇らしさを表現するために仮想の時代語がベースの言語になります。ベースがすでに仮想の階段をひとつ上がっている状態です。地域差を現すために、さらにヴァーチャル方言を投入しようとすると、さらにもうひとつ階段を上がることになります。盛っている上に盛る、という状態になるわけです。そうなると、視聴者にとっては付いていくのがなかなか難しくなる。「仮想の時代語＋仮想の方言」ということになり、円滑な視聴に支障をきたす、理解が追いつかなくなるリスクが生ずることになるわけです。

その結果、朝ドラは現代劇ですから、ほとんどのシリーズではヒロインは「方言ヒロイン」として登場し、大体一貫した「方言ヒロイン」として造形されているわけです。一方、大河ドラマには、たしかに方言キャラクターは出てきますけれども、物語の筋を運ぶ主人公格が「方言ヒーロー」という設定は、多くありません。それには、先に述べたような事情に拠るわけです。

しかしながら、近年は朝ドラでも自ら「初のちょんまげドラマ」と自ら称した二〇一五年前期放送の『朝がきた』も出てきましたし、大河も時代劇ながら、ベースのことばが現代語化してきているといったようなことがありますから、差が不鮮明になりつつあります。一方で、先にも述べたように、現代劇ドラマと時代劇ドラマでは、ベースのことばが異なるために、ヴァーチャル方言の取り入れやすさが大きく異なる、とりわけ主人公格の台詞にそれを取り入れることには大きな違いがあるということは、今も昔も同じことなのです。

大河ドラマの「方言水準」を変えたエポックメイキング作品

ヴァーチャル方言、とりわけ「方言キャラ」の主人公格が登場しにくい構造をもった時代劇ドラマである大河ドラマですが、徐々に「方言」の扱い方においても、朝ドラに近づいてきてはいます。ここでは、方言の取り扱い方の観点から、エポックメイキングな作品をいくつか取り上げ、大河ドラマにおける「方言水準」の変化をたどりたいと思います。

まず、大河ドラマの「方言水準」を大きく変えたもっとも古いものは、高度経済成長期末期の一九六八年放送の明治一〇〇年を記念して作られた大河ドラマ『竜馬がゆく』（司馬遼太郎原作、水木洋子脚本）です。このドラマでは、主人公の坂本竜馬をはじめ、土佐藩関係者の多くは土佐弁キャラとして登場します。共通語ドラマ全盛の当時としては、斬新な試みでした。

この作品は、初の方言大河として、放送当時世間の話題となりました。

そして、一九八〇年放送の幕末維新期が舞台の架空の下級武士二人を主人公とする『獅子の時代』（山田太一作）です。

ところで、みなさんは、ドラマのオープニングに流れるクレジットロールをじっくりご覧になったことがあるでしょうか。もし、ないようでしたら、次回、大河ドラマか朝ドラをご覧になる際に、しっかりご覧になってみてください。さまざまな情報が盛り込まれている部分です。そこには、出演する役者の名前だけではなくて、様々な指導、協力者の方の名前も上げられています。そのクレジットロール上に「方言指導」がはじめて登場したのが『獅子の時代』です。

「方言指導」とは、いわゆる「なんちゃって方言」と「地元」の感覚からの著しい乖離を避けるためにＮＨＫが導入した演出的技法のひとつです。実際には、ＮＨＫではこの少し前に「方言指導」を試験的に導入しています。しかし、その事実がクレジットロールに登場するようになり、そのことが定着するには少し時間がかかりました。「方言指導」が本格的に導入されたのは、朝ドラ・大河ともに、一九八〇年代に入ってからです。八〇年代に入ってようやくドラマ方言に学術的根拠とリアルさを求める演出的技法である「方言指導」が、導入されたドラマであるということがクレジットロールを通じて、我々の目に触れるようになったのです。そのような事情があるので、「方言指導」が付いたドラマは当然ながら近年のものに多いわけですが、大河ドラマの場合は、それでも全てに付いているわけではありません。全五七作品中、「方言指導」が付いているのは二八作品です。八〇年代以降は原則として、地域方言、それから「御所ことば」「公家ことば」のような社会方言や外国語にも「ことば指導」が付いています。

九〇年代になると、もう一段「ヴァーチャル方言」の水準が上がります。一九九〇年放送の西郷隆盛を主人公とする『飛ぶが如く』（司馬遼太郎原作、小山内美江子脚本）がその一例です。このドラマは、西郷隆盛をはじめとする薩摩藩関係の登場人物だけではなくて、物語の筋を解説するナレーションにも薩摩弁が使われたというところが、極めて画期的です。同作では、こんにちの方言ドラマにおける標準的演出である、俚言《りげん》、すなわち共通語とは語形の異なる単語が出てきたときには、共通語の字幕を付けるという演出技法も用いています。

二〇一〇年代に入ってくると、よりドラマ方言の水準が高まります。二〇一〇年放送の『龍馬伝』（福田靖作）、それから東日本大震災復興応援大河として作られた二〇一三年放送の『八重の桜』（山本むつみ作）では、主人公格の登場人物が方言キャラとして造形されます。加えて、主人公をとりまくサブキャラ、モブキャラ格の登場人物たちも方言キャラとして造形される。こうなってくると、「方言台詞」といっても、例えばジェンダーによる違いとか、年代による違いとか、身分やドラマ中における役割の違いなどによって、きめ細かな差異が要求されるようになります。そのような演出のため、あるいは視聴者の期待に応えるために、同一の「方言」に複数人の「ことば指導」が付くようになります。

幕末維新ものがフェーズを変える

ここまでのところのドラマ方言についてのエポックメイキングな大河作品をご覧になってお気づきになったでしょうか。そうです。ここまで取り上げてきたエポックメイキングな大河作品は、全て幕末維新期ものでした。

放送年	タイトル	方言主人公	非方言主人公	「方言指導」記載有無
1963	花の生涯		井伊直弼	×
1967	三姉妹		架空の旗本三姉妹	（未確認）
1968	竜馬がゆく	坂本竜馬		×
1974	勝海舟	勝海舟		×
1977	花神		大村益次郎	×
1980	獅子の時代	架空の人物 会津藩の下級武士・平沼銑次 薩摩の郷士・苅谷嘉顕		○
1990	翔ぶが如く	西郷隆盛		○
1998	徳川慶喜		徳川慶喜	○
2004	新選組！		近藤勇	○
2008	篤姫		篤姫	○
2010	龍馬伝	坂本龍馬		○
2013	八重の桜	新島八重		○
2015	花燃ゆ		杉文	○
2018	西郷どん	西郷隆盛		○

表3

というわけで、幕末維新期ものの大河ドラマすべてを抜き出してみました（表3）。全部で一四作品あります。このうち一四作のうち九作に「方言指導」が付いています。先に触れたように、朝ドラと大河に「方言指導」が付くようになったのは、八〇年代以降です。八〇年代以降の幕末維新期ものは、すべて「方言指導」が付いていることがわかります。

次に幕末維新期ものの各主人公が、方言キャラかどうかを見てみましょう（表3）。主人公が方言キャラかどうかで分けてみました。方言主人公には、ちょっとした例外がありますけれども、基本的に「男性」で「低位」で「野」の人間であるといったような原則が見出せます。例外は、「方言指導」以前でもありますが、一九七四年放送の『勝海舟』（子母沢寛原作、倉本聰・中沢昭二脚本）の主人公勝海舟が低位とはいえないことと、二〇一三年放送の『八重の桜』の主人公・八重が女性であるということです。

一方、幕末維新期ものでありながら、しかも八〇年代以降の方言重視の時代になってもなお、非方言キャラクター＝共通語キャラクターとして造形されている登場人物は、一九九八年放送『徳川慶喜』（司馬遼太郎原作、田向正健脚本）の主人公徳川慶喜▼注(1)以下の通りです（表3）。七〇年代までの作品は、まだ方言ドラマの時代を迎えていないとはいいながらも、非方言主人公の共通点を探ると、「高位の男性」、そして「女性」。ただし、二〇〇八年放送の『篤姫』（宮尾登美子原作、田渕久美子脚本）は、単に女性ではなく、高位の女性です。二〇〇四年放送の『新選組！』（三谷幸喜作）の主人公格・近藤勇は武蔵国▼注(2)出身ですが、「方言指導」は付いておらず、方言キャラクターとして造形もされていません。首都圏方言というのは首都圏に住んでいる人が自分に方言がない、と思いがちなことと同じように、ドラマの中でも方言は与えられないということのように思えます。しかし、首都圏には方言はないでしょうか？　そんなことないですね。武蔵国のあたりだったならば所謂関東「べー」などの「方言」は普通に使っているだろう地域なわけですが、首都圏方言には「方言指導」は原則付かないし、方言キャラとしては造形されません。時代劇ドラマ、もう少し踏みこんでいうなら、テレビドラマは、「首都圏キャラは方言キャラとしては造形されない」が一般的であるということです。

三大鉄板方言キャラ

ここでは、主人公・非主人公を問わず、鉄板な方言キャラとして造形される三人を指摘しておきたいと思います。それは、「記憶に残る方言キャラ」ベスト10にも登場したリョウマに加え、西郷隆盛、勝海舟の三キャラです。三キャラのいずれかが登場した幕末維新期を舞台とした大

注1▼二〇一八年放送の『西郷どん』では、徳川慶喜はべらんめえ口調の江戸弁キャラとしても登場する。

注2▼旧国名。現在の東京都（島嶼部を除く）、埼玉県のほとんど、神奈川県川崎市と横浜市のほとんど。

放送年	タイトル	坂本リョウマ 土佐弁	西郷隆盛 薩摩弁	勝海舟 江戸弁 べらんめえ口調
1967	三姉妹	△	−	(未確認)
1968	竜馬がゆく	◎	(未確認)	(未確認)
1974	勝海舟	○	○	△ -> ◎
1977	花神	○	○	-
1990	翔ぶが如く	○	◎	○
2004	新選組！	○	○	○
2008	篤姫	○	○	△
2010	龍馬伝	◎	○	○
2013	八重の桜	(セリフなし)	○	△／○
2015	花燃ゆ	○	○	-
2018	西郷どん	○	◎	○
		10作9方言	9作9方言	7作6方言

凡例
◎主人公＆方言
○サブ＆方言
△共通語
(未確認)
(セリフなし)
－登場せず

表4

河は一一作あり、それらをまとめたものがこちらです（表4）。一般には、筋を運ぶヒーローは、共通語というお約束がありますが、この三キャラは例外です。脇役として登場するときはもちろん、主人公として登場する際も、原則は方言キャラとして造形されていることがわかります。すなわち、リョウマは土佐弁、西郷さんは薩摩弁、勝海舟はべらんめえ口調の江戸弁キャラという「方言キャラ」として造形されることが基本であることがわかります。

リョウマ・西郷さんはどのような立場であっても、「方言指導」が付いています。一方、海舟は「方言キャラ」の原則「男性、低位、野」から外れるばかりでなく、非主人公として登場する際も「共通語キャラ」として造形されることがあるのと同時に、江戸弁・べらんめえキャラとして造形される際も、「方言指導」は付きません。

海舟が、さまざまな観点から例外となる理由も、それにもかかわらず方言キャラとして造形される理由もいろいろ想像することが可能です。たとえば、方言キャラとして造形される背景としては、勝海舟がざっくばらんな江戸口語資料としても知られる『夢酔独言《むすいどくげん》』▼注(3)を書いた旗本・小普請《こぶしん》組・勝小吉《こきち》の息子である、また、本人談とされる『氷川清話《ひかわせいわ》』▼注(4)も、『夢酔独言』を彷彿とさせるざっくばらんな語り口調であることなどを指摘することができるでしょう。江戸城無血開城の大立役者という側面も無視できないことです。

一方、江戸弁に方言指導が付かないのは、先にみた首都圏に方言指導が付かないのと同様に、江戸弁は誰もが知っていると「思っている」言語変種だからと強く想像されます。実際、江戸弁キャラは時代劇には少なからず登場するのですが、大河ドラマにおいて「江戸ことば指導」が付いたことはありません。ちなみに朝ドラでも同様ですが、今のところ二度「江戸ことば指導」が付いたことがあります。それは、一九九八年年放送の『天うらら』（江戸ことば指導：春風亭一朝）と二〇〇三年放送の『こころ』（江戸ことば指導：坂井寿美江）です。『天うらら』のケースがこの例外の「典型」です。同作には、「江戸ことば指導」として示される本人が、仮想の江戸弁をあやつる落語家であり、同時に役者として出演している、という「特殊事情」によるものと推察されます。

「共通語ドラマ」から「方言コスプレドラマ」へ

ここで、現代劇も含めたドラマにおける方言の扱われ方についての変遷を、改めて確認しておきたいと思います（図2、3）。テレビドラマの草創期は、現代劇も含め舞台や登場人物が「地方」との関わりが深いものであったとしても、方言を用いない「共通語ドラマ」、すなわち「脱方言ドラマ」として制作されます。しかし、テレビドラマが大衆的なコンテンツとして全国展

注3▼勝海舟の父、勝左衛門太郎（勝小吉、夢酔はその号、深川生まれ）の手記。天保一四（一八四三）年成立。自らの遍歴をくだけた口語調の文体で記したもので、幕末期の江戸生え抜きの武士階級の日常会話に近いことばで記された文献資料とされる。一方で、当時の旗本・御家人のことばの代表とみるには慎重を要するという意見もある。

注4▼勝海舟晩年の語録。明治三一（一八九八）年頃刊行。全体ざっくばらんな一人称「俺」口調で記述される。

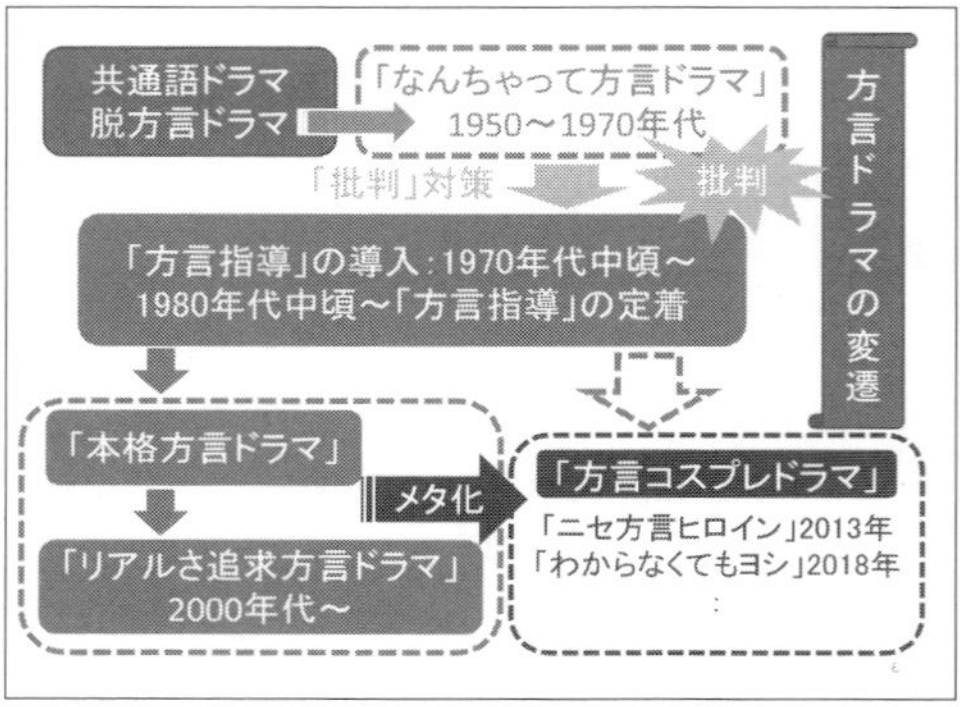

図2

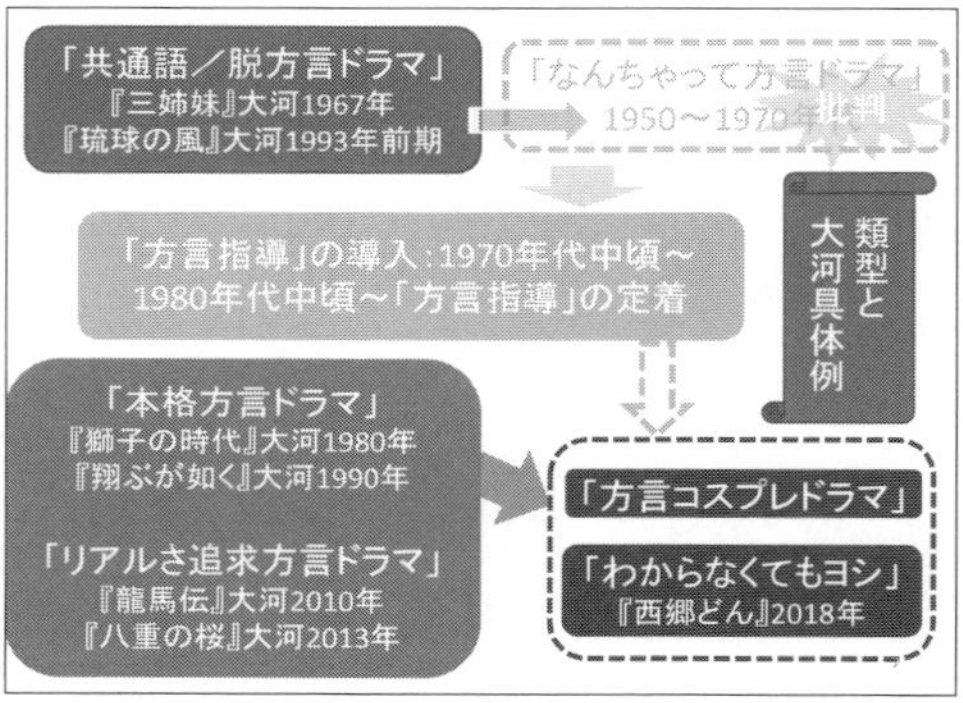

図3

開していくに連れて、「方言」が導入されはじめます。

しかし、当初はいわゆる「なんちゃって方言」によるものが少なくなく、視聴者からは「うちの方言とは違う」「いい加減すぎる」といった批判が寄せられるようになりました。このような批判に対するNHKの「回答」のひとつが、先に触れた方言指導の導入です。方言指導が導入されたのは、七〇年代中頃で、八〇年代の中頃には方言指導が定着・一般化します。その結果、「本格方言ドラマ」が登場し、二〇〇〇年代になると、さらにはそれを踏まえたより細やかな地域差や、登場人物の社会的属性・役割の違いをことば遣いに求める「リアルさ追求方言ドラマ」が登場します。

ここまでくると、地域方言についてのクオリティーやノウハウは、一般の視聴者にも共有されるに至ります。そこで、それらをメタ化した所謂、「方言コスプレドラマ」が現代劇において登場するわけです。典型的にはヒロインが「ニセ方言ヒロイン」の二〇一三年前期放送の朝ドラ『あまちゃん』（宮藤官九郎作）です。時代劇においても、二〇一八年放送中の『西郷どん』（林真理子原作、中園ミホ脚本）は、従来の俚言には共通語字幕というお約束をあえて踏み越えた「わからなくてもヨシ！」というスタンスには、時代劇方言ドラマの新しい風を感じます。

このような方言ドラマの流れを、具体的な大河ドラマ作品に当てはめていくと、このようなことになります（図3）。

「共通語ドラマ」の古いものとしては、リョウマでさえ完全な共通語キャラとして造形された一九六七年放送の『三姉妹』（大佛次郎原作、鈴木尚之脚本）が典型的です。現代劇では方言ドラマがすでに主流となった時代における「共通語ドラマ」としては、一九九三年前期放送の『琉球の風』（陳舜臣原作、山田信夫・水谷龍二脚本）がそれに相当します。これは戦国時代を背景とした初の沖縄を舞台とするドラマですが、沖縄方言は言語的に共通語から距離があり過ぎるので、「共通語ドラマ」として作られたと想像されます。▼注(5)

一方、一九八〇年代以降は、方言指導がクレジットロールに登場した「本格方言ドラマ」の時代です。一九八〇年放送の『獅子の時代』、一九九〇年放送の『翔ぶが如く』が登場し、「リアルさ追求方言ドラマ」として二〇一〇年放送の『龍馬伝』、二〇一三年放送の『八重の桜』が登場します。

もっとも新しいスタンスの方言コスプレ時代劇としては、先に述べた通り、「わからなくて

注5▼放送後、沖縄県民の要請を受けて吹き替えによるウチナーグチ版の総集編が制作されたが、沖縄県内限定の放映であった。

もヨシ！」といったようなところでの薩摩弁使いでドラマを展開させている『西郷どん』を指摘することができるでしょう。二〇一八年放送の『西郷どん』については、初回放送翌週の読売新聞「よみうり時事川柳」（二〇一八年一月一四日）に『西郷どん』に字幕がほしい薩摩弁」などというものが掲載されていました。実は、一九七四年放送の『勝海舟』の時にも、東京都一八歳女性から薩摩弁などの方言台詞がわかりにくいので、「せめて標準語字幕を出してほしい」という新聞投書（一九七四年七月六日、東京新聞「反響」）がありました。同じような反応ではあるものの、その背景は大きく異なります。

リョウマと西郷さんが方言を話すまで

以上のような流れを、リョウマと西郷さんという代表的な方言キャラでたどっておきましょう。

二〇一〇年放送の『龍馬伝』では、「わかっちゅうがは、けんかじゃ変えられんゆうことぜよ」と、こんにちのわたしたちが抱くリョウマイメージ通りの台詞となっています。しかし、これはテレビドラマなどによって作られたイメージであることは、ここまで見てきた通りです。創作物に龍馬が最初に登場したのは、明治一六（一八八三）年に坂崎紫瀾《さかざきしらん》という人が書いた『汗血千里駒《かんけつせんりのこま》』という小説です（図4）。この小説はこんにち、わたしたちが知るリョウマエピソードのほとんどが含まれていますが、一方でこの作品における龍馬は、一言も土佐弁をしゃべりません。その流れを汲むのが、一九六七年放送の『三姉妹』における完全な共通語キャラとしてのリョウマです。同作では、一人称も「わたくし」です。その翌年一九六八年放送の『竜馬がゆく』が、リョウマ＝土佐弁＝「ぜよ」を日本語社会に強く打ち込んだエポックメイキングな作品で、以降はむしろ、土佐弁をしゃべらないリョウマは、リョウマではないということになったわけです（図5）。

そして西郷さんについても、似たような流れを指摘することができます（図6）。

『西郷どん』第一話の台詞を見てみましょう。ここではまだ吉之助（子役）の時ですけれども。「おはようございもす。今日もキバいもんそ」。「キバいもんそ」の「キバる」は共通語でいえば「頑張る」です。共通語と形の異なる単語＝俚言を使っていますが、共通語字幕をいっさい排した演出をとっています。「薩摩ことば指導」は、鹿児島出身の役者二人体制（薩摩ことば指導：迫田孝也・田上晃吉）という充実ぶりですが、その演出にあたっては「方言台詞に対する共通語字幕は無し」という挑戦的な方言ドラマ時代劇になっています。▼注(6)

大河ドラマでは、西郷さんは登場時から方言キャラとして造形されていますが、創作物をた

図4
『汗血千里駒　天下無双人傑海南第一伝奇　初編』（駸々堂、1883）国立国会図書館ウェブサイトより

注6▼『西郷どん』においては、より共通語からの言語的距離の遠い「奄美ことば」には共通語字幕を付けたことが話題となった。「NHK大河ドラマ「西郷どん」で、五月一三日放送分の第一八話「流人　菊池源吾」から日本語字幕が導入され、奄美ことばに標準語字幕が付いた。1963年にスタートした大河ドラマの歴史の中で、日本語のセリフに日本語字幕が付くのは極めて異例」（二〇一八年五月一三日スポニチアネックス https://headlines.yahoo.co.jp/hl?a=20180513-00000157-spnannex-ent）記事中では「極めて異例」としているが、俚言に共通語字幕を付ける方式の採用は、NHKのドラマとしては、決して珍しくない。このケースでは、薩摩をウチ、奄美をソトと印象づける演出とも解釈できる。

どれば、リョウマ同様、最初はやはり「共通語キャラ」であったことが、明治期の歌舞伎の台詞から確認されます。

　西南戦争が終結後わずか五カ月後に新富座で上演されたという、新歌舞伎『西南雲晴朝東風《おきげのくもはらうあさごち》』(河竹黙阿弥作)では、このようなことになっています。篠田仙果による正本写《しょうほんうつし》の同作(明治一一(一八七八)年、山松堂板)から最後のシーンの台詞を抜き出してみましょう。「かかる姿となりたれば、鹿児島へひとまづ立ち越へ、潔く割腹《かくふく》せん」。やはり共通語というか、古語というか文語的な共通語の台詞になっているわけです。しかし、一九七四年放送の『勝海舟』では、「するとそん中で、だいを信ずれはよしゅぐわんそか」となっています。これはかなり

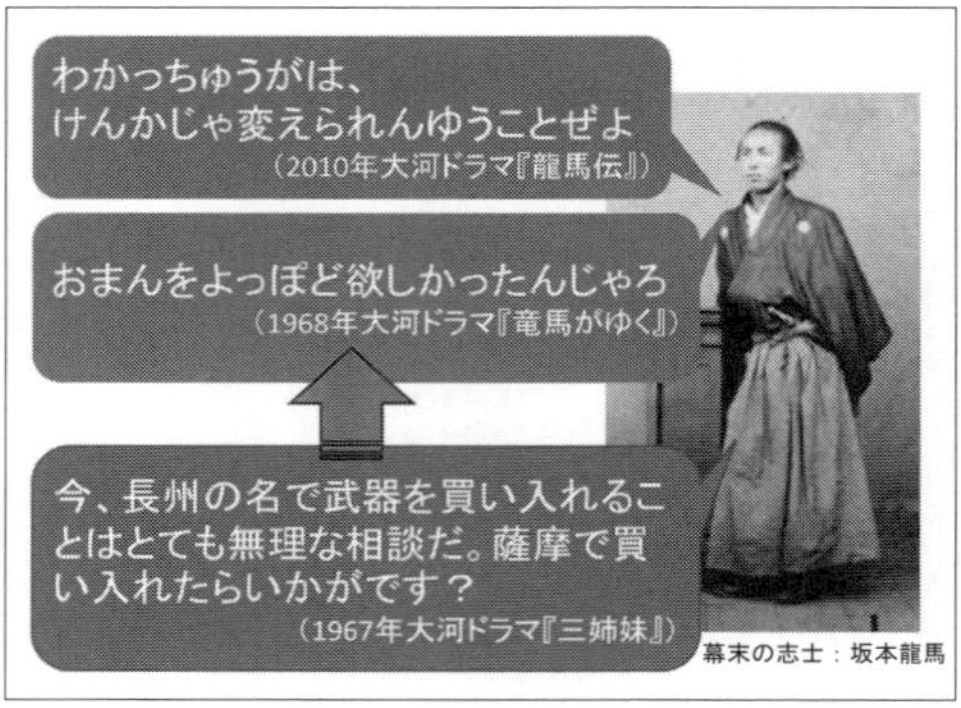

図5

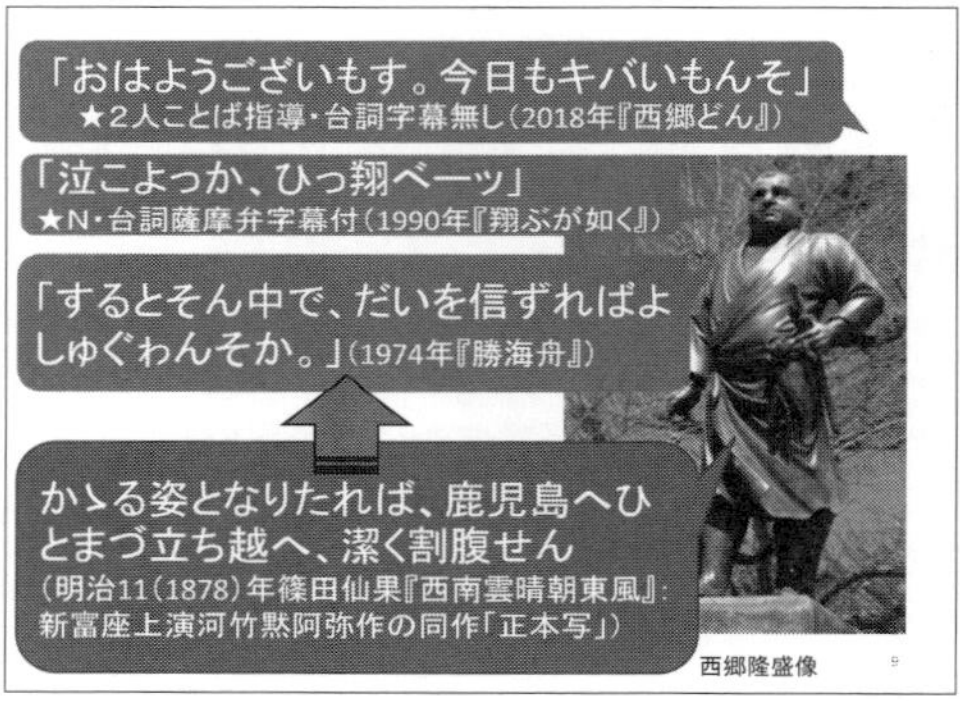

図6

濃厚な薩摩弁で、確かにこれは字幕が無いとわかりにくい。共通語字幕を要望する投書があったのもうなづけます。

拡大し続ける「方言枠」

特定のキャラクターを除くと、現代劇に比べ方言台詞が前景化しにくかった時代劇ですが、見てきたように大河ドラマでも「方言枠」が拡大してきています。その背景を指摘し、このパートの締めくくりとしたいと思います。

方言枠拡大の背景として大きく二つ指摘できます。第一には、時代劇の現代語化、第二には、現代が方言プレスティージの時代であるがゆえに、方言キャラに対するある種の期待が大きくなっているということです。

時代劇の現代語化については、後ほど吉川さんのパートで、映像とともにご確認いただけると思いますが、一九七九年放送の『草燃える』（永井路子原作、中島丈博脚本）、これがエポックメイキングなものでした。当時の新聞記事でも現代語の時代劇は是か非かと侃々諤々《かんかんがくがく》の議論をしています。

「"現代時代劇"評判は？　見る人3人に2人が「反対」」
（一九七九年一月二二日読売新聞夕刊）

現代が「方言プレスティージの時代」であることをよく現す新聞記事を紹介したいと思います。

「名古屋ことば　大河ドラマで使って　河村市長、NHKに要望」

（二〇一四年八月二六日朝日新聞【名古屋】）

織田信長・豊臣秀吉・徳川家康に、「名古屋ことば」「三河ことば」をしゃべらせてくれ、という要望です。いわれてみれば、戦国武将のたいがいはどこかの地方を基盤としているわけですから、方言キャラとして造形されていても、全然いいわけですけれども、たいがいが方言をしゃべりません。ここで上げられた3キャラの中では、二〇一六年放送の『真田丸』の中で秀吉がある効果を狙って、ある部分だけ方言を使うというシーンが出てきますが、基本、方言台詞は与えられません。にもかかわらず、「大河ドラマで方言を使って」といったような要望が出てくること自体が、現代が方言に価値を見出す時代であることを示しているわけです。方言ヒーロー／ヒロインがご当地経済効果として期待されている、そのような心持ちがまた、時代劇の方言枠を押し広げる要因の小さくない一翼を担っていることを教えてくれる事例です。

最後に、まとめです。時代劇に登場する方言ヒーロー／ヒロインは、「筋を運ぶ主人公格は共通語」という役割語セオリーを打ち破る表現形式とその手法の確立と展開と言うことができます。また、方言ヒーロー／ヒロインを推し進めた大きな要因は、時代劇の「地」が現代語化したことです。このあたりは、先ほどの金水さんのお話にもあったところです。次いで、幕末維新期ものに多く登場するのは、現代の地域差が醸成されたのが近世期であり、現代の地域差意識が投影されやすいということが関係してくると思います。ただし、幕末維新期のヒーローならば、みな方言ヒーロー化するのか、といえばそうではありませんでした。幕末維新期もの・地方出身だけでは方言ヒーロー足りえず、「男性・低位・野」などの条件が必要となります。現代の日本語社会における方言に価値を見出す風潮も、方言ヒーロー化を後押ししています。共通語字幕なしで俚言を用いる二〇一八年放送の『西郷どん』のある種「わからなくてもヨシ！」というスタンスが視聴者に許容されている状況も、現代が「方言プレスティージの時代」であることを映すものといえるでしょう。方言時代劇は今後どのような展開となるのでしょうか。引き続き見守っていきたいと思います。ご清聴ありがとうございました。

3 歌舞伎研究からみた〈時代劇〉──〈過去〉と〈いま〉を揺れ動く──

◉児玉竜一

「昔」を意識することと忘れること

私は歌舞伎研究の立場からみた時代劇ということで、お話をさせていただきます。先ほどの田中さんのお話にあった、方言キャラで記憶に残るものは？ というアンケートの結果を見てもわかりますけれども、近頃ああいう時に思い出される時間のスパンが短いですよね。もうちょっと古いところで思い出あるやろ、と言ってあげたいぐらい（笑）、直近の話ばかりが出てきます。ああいう結果を見ると、日本人は思い出す力、記憶する力をなくしてるんじゃなかろうかと、いささか心配になったりするんですけれども、その点、私の話は歌舞伎でございますので、もともと古いものを扱ったお話なんです。基本的な役割はどういうことかと申しますと、「あのね、そういう例は昔からあるの」といって冷や水をかけるという、すごく嫌な役割を担ってここに居るわけです。

●プロフィール
児玉竜一（こだま・りゅういち）
一九六七年兵庫県生まれ。早稲田大学文学学術院（文学部）教授。早稲田大学演劇博物館副館長。専門は歌舞伎研究と評論。「朝日新聞」で歌舞伎評担当。著書に『能楽 文楽 歌舞伎─日本の伝統芸能への誘い─』（編著、教育芸術社、二〇〇二）、『カブキ・ハンドブック』（共編著、新書館、一九九三）、『映画のなかの古典芸能』（共編著、森話社、二〇一〇）など。

古典文学や古典演劇の働きとは、とかいうと、ちょっと風呂敷大き過ぎますけれども、ぶった切るように申しますと、演劇であれ文学であれ、古いものというのは「あっ、昔ってこんなんなんだ」という一面と「あっ、昔の人も一緒だ」という一面と、その両方なんですよね。言い換えますと、「昔であるということを意識する」ということと、もうひとつは「昔であることを忘れる」という、その両面があるんだろうと思うんです。研究という七面倒くさい立場から言いましても、つまりこれは両面がありまして、「昔と今とは違うの」ということを言わなきゃいけないところと、「それは昔からあるの、つまり一緒なの」、ということを言わなきゃいけない、その双方があるんじゃないかと思うわけです。

それは時代劇と歌舞伎との関係においてもですね。つまり時代劇俳優の大半は歌舞伎出身でしたから、市川右太衛門、片岡千恵蔵、長谷川一夫、阪東妻三郎、中村錦之助、大川橋蔵、市川雷蔵、みんな歌舞伎俳優でしたから、歌舞伎としての修業を積んで映画界に入った人たちです。歌舞伎のなかでどういう階層にいたかという区別はありますけれども、歌舞伎からの連続性というものを、役者の演技とか所作とか身体性とかいう点において、あるいは彼らが体現する物語において、さまざまに連続性を背負っているわけですよね。

と同時に、ある種、同時代への親近性というと大げさに聞こえますけれども、平たく言えば観ている観客に刺さるものじゃなきゃいけない。ドラマを作る人間としては当たり前のことですから、両方の側面をもっているわけで、時代劇であっても、同時代の人間に対して訴えるドラマでなければいけない。もちろん時代劇にもいろいろありますから、ショーとしての時代劇もあるわけですね。市川右太衛門の『旗本退屈男』（シリーズ物、一九三〇〜六三年公開。ドラマ一九七三

～七四年放送）の立ち回りを見て、生きるか死ぬか、手に汗握ってハラハラドキドキという人はいないわけで、これは華麗なショーとして見ればいいのです。逆に、ショーではない、切るか切られるかという、ドラマとしての立ち回りが見せ場となる時代劇もあるわけですね。これはどちらが優れているかという問題ではなくて、違う種類の娯楽だと考えるべき、というほど隔《へだ》たった種類のものが、同じ時代劇というジャンルの中に混在している、そう考えるべきだと思います。

ことばにみる「時代」と「世話」

そういう両面は歌舞伎そのもののなかにもありまして、歌舞伎では「時代」と「世話」という言い方をします。つまり「時代物」は何かといいますと、歌舞伎の主たる作り手であり、受け手であるところの庶民から見た過去であったり、庶民から見たお武家様のことが「時代」である。「世話」は何かというと、庶民から見た自分たち庶民だったり、庶民から見た自分たち同時代。これを「時代」と「世話」といって、所作も「時代」と「世話」で違えば、ことばも「時代」と「世話」では違うわけです。

それをことばの側面から見ると、例えば「ことばと身分」というようなところに、まずは現れてきます。「時代」としてのことば、「世話」としてのことばは、はっきり違うわけでありまして、それはもう、歌舞伎以来違うわけです。いや、歌舞伎よりもっと前からです。狂言に「横座《よこざ》」という演目があるんですけど、お百姓が最初に出てくるんです。お百姓は普通の町人とは違うから名乗り方が違うと、武智鉄二が言うのを聞いたことがあります。大風呂敷の武智鉄二の言うことですから、だいぶいっぱい眉に唾をつけなければいけないのですけれども、そういう伝承が本当にあるのかも知れない。

時代劇としてわかりやすいところで申しますと、中村錦之助の『一心太助』（シリーズ物、東映、一九五六〜六三年公開）シリーズというのがありましたけど、これは錦之助が必ず二役勤めるというところが本質です。将軍家光と魚屋の一心太助との対照的な二役を中村錦之助が一人で演じ分ける。ことばが違えば身分が違う、その落差によるギャップが面白さになっていくわけです。そこだけを拡大したシリーズで『殿さま弥次喜多』▼注(1)という、同じ監督による——この間亡くなりました沢島忠さんですけれども——作品などもあります。錦之助は歌舞伎の修業を積んでいるので、家光では「時代」でしゃべり、太助では「世話」でしゃべることが、きわめて自然にできるというスキルに則《のっと》っているわけです。最近、歌舞伎役者が舞台で『一心太助』をやりましたけれども、沢島忠さんとたまたま客席でお隣になって「あんなのは太助じゃない、ヤクザだ」と言って憤慨してらっしゃるのを直《じか》に聞きました。「世話」の中にも様々なレベルとスキルがあるわけです。

ことばと身分、その落差による可笑《おか》しみというのは、落語のほうにいけば、いくらでもありまして、町人の女の子が殿様に見そめられて側室になる『妾馬《めかうま》』が典型的ですけれども、いくらでも例があります。時代劇でも、『遠山の金さん』▼注(2)というのは、あれは「時代」と「世話」の落差なわけですね。「しからばその方覚えがないと申すか」と「時代」でしゃべったところで、「やいやいやい、てめえらいいかげんにしろい」と「世話」になるというところで、あれも歌舞伎にある発想が元になっています。長谷川一夫もやっているんですが、長谷川一夫の映画（『刺青判官《ほりもののはんがん》』松竹、一九三三年公開ほか）では「この桜吹雪が目に入らねえか」の場面はない

注1▼尾州の徳川宗長と紀州の徳川義忠が、江戸町人の弥次、喜多と身分をとりかえて騒動を巻き起こす。第一作『殿さま弥次喜多怪談道中』がシリーズ化、計三作制作された。東映、一九五八〜六〇年公開。

注2▼江戸町奉行の遠山金四郎景元が、遊び人の「金さん」に扮して悪事の内偵を進め、捕縛の際には身体にある桜の彫り物を見せつける。奉行所で罪を認めない悪人に対し奉行景元が彫り物を見せ、「金さん実は遠山金四郎」であることを明かして観念させる。

ですから、だいたい片岡千恵蔵からですね、何言ってるかよく分からないのを落語家の林家《はやしや》木《き》久扇《くおう》がモノマネしている、あのあたりからですね。演じた千恵蔵と中村梅之助と市川段四郎と、みんな歌舞伎役者ですから、「時代」と「世話」はわかっています。垣根が怪しくなってきたのは橋幸夫からで、杉良太郎は割とこなしてましたが、高橋英樹、松方弘樹あたりになってさらにちょっと怪しくなった。これはやはり、「時代」と「世話」の差なんだということを意識するかしないかによって変わってくるわけです。

『鬼平犯科帳』の鬼平も、初代の八代目松本幸四郎（東宝、NET・一九六九〜七二年放送）と、決定版の今の中村吉右衛門（シリーズ物、松竹・フジテレビジョン、一九八九〜二〇一六年放送）は歌舞伎役者ですけれども、イメージとしてある清濁併せ呑むというのは、ことばとしてみればどういうことかというと、あれは「時代」のことばと「世話」のことばが使い分けられるということなんですね。「火付け盗賊改め、長谷川平蔵である」というのが「時代」であるとする。「で、おまさ、おめぇの男なのか、そいつは」ってな具合が「世話」であるという。そういう使い方ができるというのが、つまりお父さんの幸四郎（初代松本白鸚）さんでは堅かったけれども、倅《せがれ》の吉右衛門はそこらが上手いんで決定版になったということであるわけですね。

古典のなかの方言

ことばの問題としてもう一つ、これ昔からあるんですよ、というのは、さきほどから出てい

注3▼近松門左衛門作の浄瑠璃。一七一九（享保四）年初演。平家物語に材を取る全五段の内、二段目「鬼界ヶ島」の俊寛のくだりが文楽・歌舞伎でよく上演される。

注4▼紀上太郎、烏亭焉馬、容楊

る方言の話で、地方差別と言ってしまうと問題がありますけれども、地方としてのことばというのは歌舞伎、浄瑠璃のなかにたくさんあります。この場合、地方というのは三都以外、江戸・大阪・京都以外ということです。

『平家女護島《へいけにょごのしま》』▼注(3)という近松門左衛門の浄瑠璃のなかに「鬼界ヶ島《きかいがしま》」の海女千鳥。これは海女のことばをしゃべるわけです。「あまちゃん」は昔からあって、今に始まったことじゃないという（笑）。『碁太平記白石噺《ごたいへいきしろいしばなし》』▼注(4)というのは、信夫《しのぶ》という女の子が奥州から出てきて、吉原に紛れ込んで太夫職のお姉さんとバッタリ出会うというところで、奥州訛りをしゃべるわけです。この種の、ことばによる属性規定というと、やはり落語のなかに山ほど例があるわけです。

逆もあります。先ほど田中さんのお話に出ていました標準語キャラですね。岡本綺堂▼注(5)の『鳥《と》辺山心中《りべやましんじゅう》』に出てくるヒロインのお染というのは、京生まれの京育ちという設定ですけれども、「これはね、京訛りでやったらお染にならないですよ」と教えてくれたのは当代の坂田藤十郎でした。これは慧眼《けいがん》だと思いますね。誰もそんなことを言った人はいないですね。つまり岡本綺堂という東京人が書き、新歌舞伎▼注(6)という新しいジャンルの代表作となって、大正時代の青年たちが憧れた市川松蔦《いちかわしょうちょう》という女形が演じたヒロインというのは、京都弁でやったらその役には見えないという指摘。ある意味で言い換えますと、標準語キャラとして書かれているんだというのが、藤十郎の指摘です。それはハリウッド映画で、クレオパトラがちゃんと英語をペラペラしゃべるとか、溝口健二の映画で楊貴妃が日本語をしゃべるとかいうのと、似ているといえば似ている話なんですけれども。

はじめに、古典文学、古典演劇の働きというのを申しました。「昔ってこんなんなんだ」と

黛らの合作による浄瑠璃。一七八〇（安永九）年初演。由比正雪の物語の中に宮城野・信夫姉妹の敵討を描く。全十一段の内、姉妹がめぐりあう七段目「新吉原揚屋」が文楽・歌舞伎でよく上演される。

注5▼劇作家、小説家、劇評家。一八七二～一九三九年。東京芝高輪生まれ。父は御家人。幼少時から芝居好きで、当時流行の演劇改良運動に刺激され、劇作家を志す。主題は歴史ものから世話もの・喜劇まで幅広く、大衆を目標とした商業劇場向け作品が多い。生まれ育ちに基づく江戸市井の知識に、俳諧趣味と季節感を伴う詩情が持ち味。NHKをはじめ、日本テレビ、TBS、フジテレビなどで数度にわたりテレビドラマ化されるなどしてよく知られる作品に『半七捕物帖』（一九一七～一九三六）がある。

注6▼歌舞伎は明治末年以降に、外部の作者による創作戯曲を手がけるようになる。広義には（やや乱暴には）、明治末年から昭和戦前までの新作歌舞伎を新歌舞伎と呼ぶこともあるが、より正確には、大正期を中心とした岡本綺堂らの清新な戯曲作品を指す。「鳥辺山心中」は一九一五（大正四）年初演。

いうのと、「昔の人も一緒だ」という対照的な働き。であるならば、昔を意識させるというのが、時代考証というものですね。逆に、昔であることを忘れるのがドラマ。これも大変ぶった切ったような言い方ですけど、ではなかろうかと思うわけですね。

時代考証というアリバイ

歌舞伎にも時代考証らしきものはあります。江戸時代なりの時代考証、もしくは風俗考証が、歌舞伎では非常に細かくあります。でも優先されるのはドラマです。明治に「活歴」、活きた歴史で「活歴史」、略して「活歴」ということばができます、これは揶揄することばです。時代考証をしっかりしましょう、今までの江戸以来の歌舞伎は間違っているという運動が明治前半に起きたことがあります。野暮な話で、ドラマに優先して時代考証が優先されたわけですけれども、あまり迎えられることはありませんでした。

それより後の時代に新しく出てくる歴史劇のなかに、例えば真山青果[▼注(7)]、『元禄忠臣蔵』[▼注(8)]や『坂本龍馬』[▼注(9)]なんかも書いていますけれども、真山青果の台本は、冒頭、舞台書きの前に滔々《とうとう》と歴史上の事実をたくさん書き並べて「すごい、こんなに調べてるんだな」と思わせておいて、だけどドラマのなかでは、史実ではありえないような設定がいっぱいあるわけですね。これはあくまでドラマを引き立たせるためのアリバイとしてですね、真山青果は一生懸命、時代考証をやったかのように見せるんですね。それは遡れば近松門左衛門以来じゃないかという所謂「虚実皮膜論」、芸というものは虚と実の間にある、「虚にして虚にあらず。実にして実にあらず。この間に慰みというものがあったものなり」というふうに書いてあります。本当にそのものを

注7▼小説家、劇作家。一八七八～一九四八年。仙台市生まれ。小説家を目指し上京、小栗風葉門下に入り、国木田独歩、徳田秋声らと交流、自然主義文学に傾倒。仙台近郊の「方言」の忠実な投入を試みた農民文学『南小泉村』（一九〇七）で注目を集める。のちに、『仙台方言考』（一九三六）を出版。二世市川左団次、前進座との結びつきにおいて多数の戯曲を残す。よく知られる作品で、こんにちでも上演される代表作として二世左団次が勝安房守を演じた『江戸城総攻』（初演一九二六年～三四年。三部作）がある。

注8▼真山青果による昭和の忠臣蔵戯曲の代表作。一九三四～四一年にかけて、全十部作が書き下ろされた。最終作「泉岳寺」をのぞいて、すべて二代目市川左団次が大石内蔵助を演じた。前進座出演による溝口健二監督の映画化も著名。

注9▼真山青果による史劇。一九二八年に新国劇・澤田正二郎によって初演された。

写したのでは芝居にならんよ、ということを昔から言ってるわけであります。

「今」を描くために

それともう一つ大事なのは、基本的に歌舞伎にとって、歌舞伎が描こうとしているのは、その当時の時代にとっての「今」なんですよね。過去というのはドラマにとっては仮の姿であって、幕府のもとで大坂落城劇は描けないけれど、坂本城――そんな城はないですよ――、坂本城と鎌倉方の争いということに仮託するならば描けるとか、幕府お膝元の忠臣蔵事件をそのまま描くことはできないけれど、『太平記』のなかの塩冶判官《えんやはんがん》と高師直《こうのもろのお》の争いということにするなら描けるというようなことですね。ほんとに描きたいのは「今」なんです。だけどそれを過去に仮託して仮の姿とする。これは時代劇映画でも一緒で、時代劇映画の一九二〇年代に「警官を射殺することはできないけれども、御用提灯なら斬れる」とか、そういう形で権力への反抗を示すことはできると、これは当時を知る人たちがよく言っていることで、基本的に描きたいのは「今」なんですよね。

「過去はドラマにとっての仮の姿」。こんな例もあります。ご存じの石原裕次郎という人は、時代劇に出てくる時、特徴があるんです。必ず前髪を忘れない。つまり時代劇の中でも慎太郎刈りで出てくるわけですね。五社英雄監督の『人斬り』(フジテレビジョン・勝プロダクション、一九六九年公開)という映画で、四大スター勢揃い、仲代達矢、勝新太郎、石原裕次郎と、切腹シーンがやりたくて参加した三島由紀夫と、この四人なんですけれども、石原裕次郎だけ現代風の髪型にしています。石原裕次郎は時代劇にそんなに沢山出ていないですけどね、出てくるときは必ずこの頭で、つまり、現代人としての石原裕次郎が出てるよというサインであるわけですね。
それは実は歌舞伎も一緒でして、『妹背山婦女庭訓《いもせやまおんなていきん》』のお三輪《みわ》というのは、飛鳥時代の蘇我入鹿の御殿に迷い込んだ町娘なんですね。こんな典型的な江戸の町娘の姿が蘇我入鹿の時代にあるかというと、ないんですけれども、それは現代人としての江戸時代の娘が蘇我入鹿の時代に紛れ込んでいる、そういう意味ですね。つまり描きたいのは「今」ということで、石原裕次郎の映画の例と共通しているんです。

それはだけど、実はなにも歌舞伎に限らない、時代劇にも限らない。時代小説だってそうです。一九二〇年代の大佛次郎の『赤穂浪士』にしろ、一九三〇年代の吉川英治の『宮本武蔵』にしろ、一九六〇年代の司馬遼太郎の『竜馬がゆく』にしろですね、これは歴史に舞台を借りて、同時代を描いているのです。三田村鳶魚《みたむらえんぎょ》▼注(10)が一生懸命『大衆文芸評判記』で、大佛次郎の『赤穂浪士』がどれだけ時代考証として間違っているか、滔々と書くんですけれども、間違っているかどうかじゃないんですね。彼らは何も元禄時代を忠実に描きたいわけじゃないんです。元禄時代に仮託して、一九二〇年代の青年たちを描きたいんですね。三〇年代の青年を描きたくて吉川英治は『宮本武蔵』を描いたし、六〇年代のあえていえば、同時代の、「今」の、「今」考えられる普遍的な青年を描きたくて司馬遼太郎は『竜馬がゆく』を描いたわけです。何も幕末の正しい姿を描きたかったわけじゃない。

世の中に時々、「時代劇はノスタルジアである」と言う人がいますけど、可哀想なくらい、本質的に、根本的に、何もわかっていない。時代劇であっても、あくまでも描きたいのは「今」なんですよ。いつもです。それは歌舞伎の昔からそうだ、ということです。

注10▼考証、随筆家。一八七〇〜一九五二年。武州八王子の生まれ。『芝居うらおもて』（一九二〇年）において考証的劇評を打ち出す。『大衆文芸評判記』（一九三四年）、『時代小説評判記』（一九三九年）など。

もう一度、一番最初に戻りますと、「昔ってこうなんだ」ということと、「昔の人も一緒だ」という対照的な図式がある、とたびたび申しました。「昔ってこうなんだ」の究極の形としての「完璧な過去」というのは再現できるか、といえば、それは無理です。だけども、過去が再現できないなら今にしか興味はない、という意味での、「いま・ここ」だけだと何かちょっとね、浅薄すぎるわけです。「いま・ここ」至上主義だけではダメ。そこで、その間を揺れ動く、過去らしさ、というのを何となく見せつつ、だけども「いま・ここ」と直結する何かがあるんだという形で、視聴者ないし、観る者に刺さるという形を目指すために、この過去と今のどこを動いてどこに着地するのか、というのが、過去に題材を取りながら、ドラマや芝居というものを作る立場が、常に試されるところではないでしょうか。

もちろん過去寄りのドラマもあれば、今寄りのドラマもあっていいわけですよ。時代劇の中でも、『必殺仕事人』（シリーズ物、一九七九年～放送）なんて、はるかに非常に今寄りに作ってあった。でも、全部がそうである必要はないし、逆に全部が頑迷固陋《がんめいころう》なまでの時代考証に縛られる必要はない。その間で「今回の私たちはここです」という、そのどこに、そのさじ加減を見つけるか、そのセンスというのが問われる。というのが、時代考証をするとか、あるいは確信犯的にアリバイとしての時代考証をする、という営みに求められるところではなかろうかと思います。そしておそらく、ことばというものの、そこに関わるそれらしさ、真実らしさというのも、同じようなところを指すものではなかろうかというふうに思います。

どうもありがとうございました。

Part.2
台詞はどのように決まるのか
―制作現場最前線

フィクションといえども歴史を描く以上、
その時代の物語を見ているというリアリティーが必要です。
しかし一方で、登場人物の感情や人間どうしの関係性が
今生きている我々に響かないと、ドラマに共感することはできません。
2つのバランスをどのようにとっているのか。
時代考証の現場をご紹介しましょう。

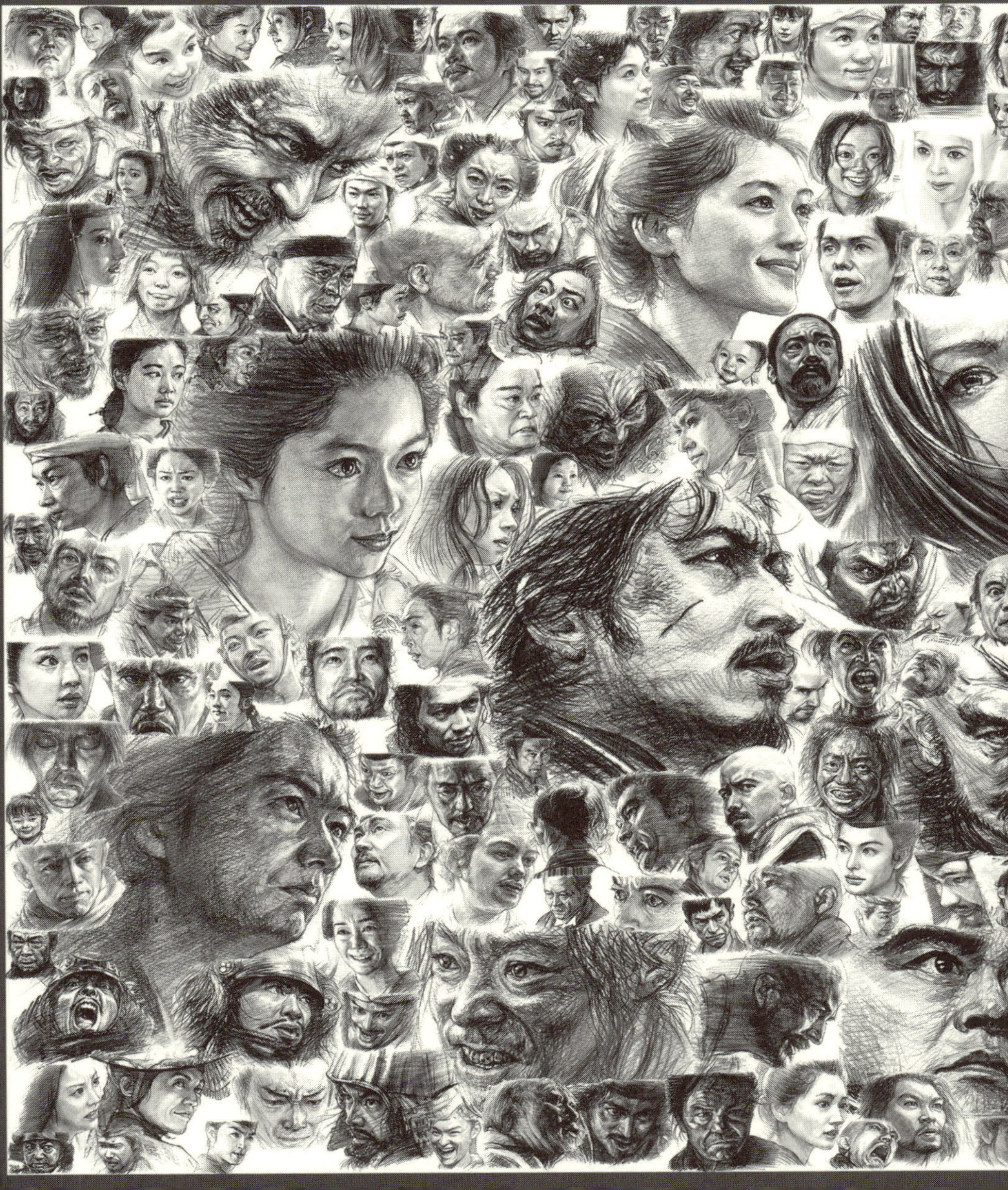

1 時代劇らしさVSリアルな人間らしさ

◉吉川邦夫

NHKディレクターのキャリア

吉川と申します。Part.1での三つのお話を聞いてそれぞれ非常に面白い分析をされていると感じました。Part.2では、まず私と大森洋平さんが実際に番組を作っている立場から、現場で行っていることをお話した上でPart.3のディスカッションに入れればと思います。

私はNHKのディレクターを三〇年ちょっとやってきました。これまで大河ドラマを七作担当しているので、「大河ドラマ専門ですか?」とよく聞かれるのですが、そんなことはありません。

NHKのディレクターは、まず地域の放送局で様々なタイプの番組を作ることからキャリアが始まることが多いんです。地域局でドキュメンタリー番組、スタジオ番組などの演出・制作を中心に、ニュースの企画、料理番組、子供番組、音楽番組、選挙速報、高校野球中継……多種多様な番組を手がけた上で、四、五年で大阪や東京の大きな放送局に移り、専門性のある部

●プロフィール
吉川邦夫(よしかわ・くにお)
一九六二年東京都生まれ。NHKエンタープライズ エグゼクティブ・ディレクター[当時]。現在、NHK放送文化研究所メディア研究部副部長。一九八五年NHK入局。徳島放送局でドキュメンタリー作品等を手がけた後、一九九〇年より制作局ドラマ番組部。主な作品として、大河ドラマ『新選組!』(二〇〇四)、土曜ドラマ『魂萌え!』(二〇〇六)、千葉発地域ドラマ『菜の花ラインに乗りかえて』(二〇一三)、人形劇『シャーロックホームズ』(二〇一四)など。三谷幸喜作品を数多く手がけ、『真田丸』(二〇一六)の制作統括・演出、『風雲児たち〜蘭学革命(れぼりゅうし)篇〜』(二〇一八)の演出を担当した。

局に配属されるのが一般的です。私が最初に赴任したのは四国の徳島放送局でした。

東京の番組制作局ドラマ番組部に異動してからは、朝の連続テレビ小説や土曜ドラマ、変わったところではミュージカルドラマや人形劇なども担当しました。なので、決して時代劇専門ということではありませんが、比較的時代劇の経験が多いことは確かです。

私が担当した主な時代劇を表にしてみました（図1）。時代劇では、三谷幸喜さんとの仕事が二〇〇四年の『新選組！』以降続いています。

主な担当時代劇

1992	大河ドラマ	『信長〜 KING OF ZIPANGU』（脚本：田向正健）
1993	大河ドラマ	『炎立つ』（脚本：中島丈博）
1996	金曜時代劇	『とおりゃんせ』（脚本：大野靖子ほか）
1997	大河ドラマ	『毛利元就』（脚本：内館牧子）
2001	大河ドラマ	『北条時宗』（脚本：井上由美子）
2004	大河ドラマ	『新選組！』（脚本：三谷幸喜）
2006	正月時代劇	『新選組!! 土方歳三最期の一日』（脚本:三谷幸喜）
2016	大河ドラマ	『真田丸』（脚本：三谷幸喜）
2018	正月時代劇	『風雲児たち〜蘭学革命（れぼりゅうし）篇〜』（脚本：三谷幸喜）

図1

時代劇的な様式と今のリアルな感覚のせめぎ合い

Part.1でみなさんが分析してくださった内容は、我々がドラマ作りの現場で意識していることにかなり重なるお話だったように思いました。

まず、歴史を描いている以上、その時代の物語、昔の物語を見ている実感が得られないといけない。そうでないとリアリティーが感じられません。その一方で、登場人物たちの感情や人間どうしの関係性が、今生きている我々に響かないと結局はドラマに共感できないわけで、そこが歴史ドラマ作りの悩ましいところです。どの時代を題材にするかということだけでなく、それをいつドラマにするかによって変わってくる部分があります。例えば一〇年後に『真田丸』

を作れば、間違いなく今回とは全然違うドラマに仕上がります。役者が年齢を重ねて配役が変わることもありますが、一〇年後の時代の感覚が今とは必ず変わっているはずだからです。ここ数年またどんどん世界が変わってきている実感はみなさんにもありますよね。一〇年前とは時代への向き合い方も変わっています。だから、同じ人物を取り上げても時期をおいて制作すれば、また異なる視点から、違う物語として描くことができる。それが大河ドラマが長く続いている理由の一つだとも思います。

時代劇には、時代劇らしさと、リアルな人間らしさ、両方とも必要ですが、そのバランスは、脚本家の特性によっても変わります。様式的なものをより尊重するタイプの人と、今自分が生きている感覚をまず大事にして、それを時代劇の背景である歴史と結び付けていこうとする人。時代劇的な様式と今のリアルな感覚、そのどちらにより重きを置くのか。今までお付き合いをした人でいうと、前者の、様式をより重視する印象なのは、『武田信玄』『信長 KING OF ZIPANGU』を書いた田向正健さん。それから『国盗り物語』『花神』で有名な大野靖子さん。私は金曜時代劇『とおりゃんせ』でご一緒しました。最近ご活躍の方でいうと『八重の桜』を書かれた山本むつみさん。山本さんとはご一緒した仕事はないのですが、彼女はまず史料に徹底的にあたるところから作品作りに入っていくことが多いとうかがっています。

一方で、どちらかといえば人物の個性重視派と感じたのは、三谷幸喜さん（『新選組！』『真田丸』）、井上由美子さん（『北条時宗』）、中島丈博さん（『草燃える』『春の波涛』『炎立つ』『元禄繚乱』）あたりが思い浮かびます。

大河史上最も時代語から離れた作品

時代劇様式とリアルな人間らしさが常にせめぎ合う中で、時代劇のことばをどう作っていくかということでも、長い大河ドラマの歴史の中でいろいろな試みがなされています。大河史上もっとも時代語から離れたと言われる作品は、意外に古くて、Part.1で田中ゆかりさんから話があった一九七九年放送の『草燃える』です。これの冒頭部分を見てください。ほぼ現代語で試みたタイプの作品です。どう感じられるでしょうか。

［シーン　北条館・井戸端］北条政子と保子の会話

ナレーション　二男の小四郎義時は、坂東の男には珍しく武芸よりも学問を好み、姉の政子にかわいがられていた。
北条政子。のちに頼朝の御台所となり波乱の生涯を送る彼女も、まだ今は母親代わりとなって兄弟の面倒をよく見る婚期の遅れた娘にしか過ぎない。

保子　お姉さま、五郎《ごろう》を知らない？

政子　五郎？　五郎がどうかしたの？

保子　どこかへ行ってしまったんです。

政子　何ですって？

保子　栄子《えいこ》は元子《もとこ》に面倒見るようにって。

政子　よしてちょうだいよ、どこでどうなったの？

保子　それがよく分からないんです。元子は五郎の子守を引き受けた覚えはないっていうんで

すもの……本当にどうなってるんでしょう（ケラケラ笑う）

政子　（顔色を変え）笑いごとじゃないわ……何かあったらどうするんですか！

保子　まあ、お姉さまったら、恐いお顔！

（『草燃える』総集編第一回「頼朝起つ」より）

語りはＮＨＫ（当時）の森本毅郎アナウンサーです。いかにもＮＨＫらしく落ち着いた語り口に対して、続いて交わされる姉妹の弾むような会話。どうお感じになりましたか。できるだけ生き生きとその人物を描きたいということで、北条政子役の岩下志麻さんも、妹・保子役の真野響子さんもとても見事に演じられていましたけれども、やはり率直に言えば、どこか洋服を着ているように見えてしまうところがあります。森本さんは、当時のＮＨＫではかなり柔らかい方と言われていたアナウンサーですが、今聞くとこれでも相当固く感じますね。一方、女性たちの会話は、今聞いてもかなり大胆です。そのあたりのギャップが大きな戸惑いを呼んでしまったようで、この手法、実際には視聴者に受け入れられたとは言い難いものでした。第一部での話にあったように、賛否両論渦巻きました。

結局、この路線がそのまま継承されることはなかったわけですが、今の視聴者になるべく実感を感じて欲しいということと、時代劇らしさとの間のギャップをどう埋めていくかという課題が、『草燃える』で明確に提示されたことは確かです。これ以降の大河ドラマで、我々はずっとこの課題に取り組んできているわけです。

役者の熱演が時代考証を上回るとき

最近の例として、私が担当した大河ドラマ『真田丸』（二〇一六年放送）の脚本作りのエピソードを一つご紹介します。真田昌幸が第七回「奪回」で滝川一益《かずます》をだますんですけれども、その嘘が露見しそうになって、息子の信幸と信繁に語る台詞がありました。「わしが嘘ばかりついていたことがバレたらさすがの一益も頭にくるだろう」と、三谷さんは初稿で書いてきました。

大森さんも参加して開かれた時代考証会議では、まず「バレたら」が時代劇の台詞としては駄目だと。これはみなさんも見当がつきますよね。もう一つ、「頭にくる」が実は近代になってから生まれた概念だという指摘がありました。

そこで提示された最初の修正案が「わしが嘘ばかりついていたことが知れたら、さすがの一益も腹に据えかねるだろう」。しかし、この案には私が納得しませんでした。意味的には何の問題もないのですが、音節数が増えて台詞のキレが悪くなるからです。台詞は意味と同じくらい、ことばのリズムが重要です。「さすがの一益も頭にくるだろう」なら普通にひと息で言えますが、「さすがの一益も腹に据えかねるだろう」だと、語尾が伸びて途中でポーズを置きたくなってくる。戦場の緊張がある中での会話なので、できるだけ間延びはさせたくない。そこでもう少し議論を重ねた結果、「わしが嘘ばかりついていたことが知れたら、さすがの一益も怒りに火がつこう」というのが出てきました。これなら音節数も同じだし、考証的にもＯＫとなり、三谷さんに了解をとって、この台詞で決定稿としたのですが、昌幸役の草刈正雄さんが実際に演じた本番がどうなったかご覧ください。

［シーン　箕輪城《みのわじょう》・一室］真田昌幸と信繁の会話

昌幸　いやーまいった（ため息）

信繁　どうされました

昌幸　一益の奴、岩櫃《いわびつ》も沼田《ぬまた》も、すんなり返してくれると言いおった。もう少し待っておれば良かった……

信繁　しかし、それなら、ばばさまも無事に

昌幸　そうは行くまい。わしが嘘ばかりついていたことが知れたら、さすがの一益も怒りに火がカーッとこう…（手振りを交えて）

信繁　確かに

（『真田丸』第七回「奪回」より）

結局こうなりました（笑）。台本と違いますからNGで撮り直すこともできるんですけれども、この場合はOKという判断をしたので、みなさん放送でこれをご覧になったわけですね。一体、あの議論は何だったんだということになりそうですが（笑）、これがまさに、文字上では語りきれない口語表現のニュアンスです。台詞ではじめからこうは書けませんが、台詞で表現されていた気持ちは損なわれておらず、語尾まできっちり言い切らないことで、逆に、よりストレートに伝わる表現になっ

ている。そこに演じ手の声色、表情、動きが加わることで、台詞が生き生きとして、狙いもさらに明確になりました。もしかすると草刈さんは、一瞬台詞が記憶から飛びかけたのを、全身でフォローして持ちこたえたのかもしれませんけれども（笑）、結果としては、『真田丸』の真田昌幸らしい、ユーモアがあって、かつ実感のこもった場面に仕上がりました。草刈さんの体内に昌幸が生きているからこその結果といえるかもしれません。これは、文章として完結していなくても、人の話すことば、すなわち口語として不自然でなければ、むしろ台詞のリアリティは増すという一例です。収録現場は生《なま》ものですから、こういう事もあるんです。

時代考証で特別扱いした台詞

Part.1でも、文字で書き残された通りに実際に話していたわけではないのではないかという話が出ましたが、それは時代劇の台詞を作るときに、私たちが考えていることそのものです。当時のリアルな話しことばがどんなものだったのか……。本当の口語は記録に残っている文章のことばをそのまま読み上げたものではないはずです。実際のところ、いま我々も活字で読むことばそのままでしゃべることはないですよね。当時だって口語は紙に書かれた文章よりはずっとくだけていただろうし、より直感的なものだったはずということを意識しています。それが、現代の視聴者にもリアルに響く台詞になる。その例をもう一つご紹介します。これからお聞かせする会話の中に、普通の時代劇ではありえないけれど、あえて残したところが一箇所だけあります。

［シーン　真田屋敷・信幸の居室］真田信幸と信繁の会話

信幸　源次郎《げんじろう》。本当は気の利いたことのひとつも言ってやりたいのだが、わしは今、岩櫃の城を任され、それだけでいっぱいいっぱいなのだ

信繁　（笑って）もう大丈夫です

信幸　すまん

信繁　兄上の顔を見るだけで、元気が出ました。会えて良かった

（『真田丸』第七回「奪回」より）

印象的なのですぐにわかったと思います。「いっぱいいっぱい」ですね。普通はまず採用しません。これは、信幸の台詞の後に源次郎がプッと吹き出すまでがセットなんですね。信繁の前だからこそ、形式張らない表現で信幸は本音がいえる。本人は「手いっぱいなのだ」ときちんと言いたかったのかもしれませんが、つい重ねことばにしてしまった。その本音がダダ漏れになっている感じを信繁は微笑ましく感じる。だからこそ、信繁は「会えて良かった」と思えるわけです。

考証会議では、「いっぱい」という単語は考証的に大丈夫だという確認をとった上で、ここは口語として「重ねことば」にすると決めました。強調の意味で重ねことばをするのは、日本語の古くからの伝統です。記録には残っていないけれど、もしかしたら、真田信幸がここで日本で初めて「いっぱい」を二回重ねて「いっぱいいっぱい」とつい口走ったかもしれない。この場面では、その実感を取りました。

もちろん、いつも必ずこういう判断をするわけではありません。『真田丸』だったから、ということはあります。『真田丸』には、歴史上の英雄礼賛ではなく真田家の物語をなるべく等身大で視聴者に届けたい、という狙いがそもそもありましたから。登場人物の小さな心の機微を、現代人になるべくストレートにリアルに伝えたかったんです。きりという長澤まさみさんの役はその象徴です。真田が実際に行った暗殺事件などに立ち会う時、きりはそういう世だから仕方ないと簡単に割り切れない。現代に暮らす私たちの暗殺行為に対する生理的な嫌悪感を、私たちと同じように感じる役割をきりに担ってもらいました。そのために、きりの台詞は様式的な表現になるべく直さず、より直感的な表現を選択しました。考証会議でも「きり語」と呼んで、特別扱いしました。放送当初は「きりが現代風すぎる」と、もの凄くバッシングされたんですけれども、次第に視聴者のみなさんも慣れてくださって、戦国時代の血なまぐさい愛憎や駆け引きを、きりの目を通して見ることで、率直に感じ、批判し、また理解するという風に変わってくれました。我々現代人の目と感性を備えてきりが生きてくれたおかげで、倫理観も社会常識も今とは全く違う戦国の世を等身大に描くことができたと考えています。とても難しい役回りだったわけですが、長澤まさみさんはまったくぶれずに、見事にきりのキャラクターを演じ切ってくれました。

ご紹介してきたように、「時代劇らしさ」と「リアルな人間らしさ」の理想的なバランスポイントがどこか、というのは、扱う時代によっても、そのドラマ自体の狙いによっても変わってきます。その作品にあった落としどころを見定めていくのが時代考証会議の目的。こういうことを、研究者のみなさんや、時代考証担当の大森さんと一緒に考えていくわけです。ドラマの大方針と直結するので、時代考証の位置付けというのは非常に重要ですね。

その意味で『草燃える』は、はっきりした狙いをもって果敢にチャレンジした企画ですから、私は全然嫌いではありません。登場人物はとても魅力的で、物語もよくできていたと思っています。ただ、その狙いの強さが、もともと求めていたものとは別のものまで引っ張ってきてしまった。そのことへの反省・検証が、その後の大河ドラマ台詞作りにおける指針を形づくったとも考えられるのではないかと思います。

2 時代考証で磨き上げる台詞

◉大森洋平

ことばの考証の重要性

ＮＨＫで時代考証という仕事をやっております大森洋平と申します。一応ＮＨＫで時代考証の、口はばったいのですが、第一人者とか言われています。そもそもＮＨＫでは私しかやっていないので、そういう意味で言うと第一人者なんですが（笑）。ＮＨＫに入って今年で三五年、この仕事をはじめてからは来年で二〇年になります。もともとは吉川さんと同じように番組制作のディレクターでありまして、秋田局に勤めたあと古典芸能や教養番組を手がけ、二〇年前に、まあ俺は時代考証が向いてるんじゃないかと思って自分で思い立って始めたというのがきっかけになります。

今回は時代考証と台詞の話に収斂《しゅうれん》していくんですけれども、ＮＨＫに限らず、今、時代劇ではことばの考証が非常に重要になっています。例えばＮＨＫの場合だと、大河ドラマも始まって五十年過ぎたので、衣装とかセット、小道具などはかなり充実したものが揃っている。けれ

●プロフィール
大森洋平（おおもり・ようへい）
一九五九年東京都生まれ。ＮＨＫドラマ番組部シニア・ディレクター。東北大学文学部西洋史学科卒。一九八三年ＮＨＫ入局後、古典芸能番組、教養番組の制作等を経て、一九九九年よりドラマ、ドキュメンタリーの時代考証業務を専門に行う。著書に『考証要集　秘伝！ＮＨＫ時代考証資料』（文春文庫、二〇一三）。

ども、時代劇が専門の脚本家の先生がどんどんいなくなってしまっている。ここで、いろいろ難しいことが出てきてしまうんですね。

だから吉川さんの話にあった『真田丸』台詞考証は、実はかなり周到にやっていて楽しかった記憶があります。長澤まさみさんが演じたきりの話し方も、最初はバッシングを受けたんですが、それはもう覚悟の上でした。でもだんだん支持が増えてきて嬉しかったですね。とにかく大原則として、身分や立場に応じてちゃんと使い分けをしているんですよ、実は。きりが仲間内で話している時は割にフランクに話すんですけど、父親や殿様の前に出るときはきちんと「何々でございます」というふうに言っているんですね。

過去の再現ではなく「らしさ」を追求

Part.1の児玉さんのお話に出てきた『半七捕物帳』の岡本綺堂▼注(1)、それから三田村鳶魚《みたむらえんぎょ》▼注(2)、劇作家の真山青果▼注(3)、皆話してるんですけれども、昔の人というのは身分によってちゃんとことばの使い分けが出来たんだ、そこをやらないと時代劇の台詞にならない、しかし決して、当時のことばを再現するものではないと。岡本綺堂などは、井原西鶴や近松門左衛門の台詞なんかをちょっと意識しておいて、あとはまあ基本的には現代のことばで書けばいい、ただし当時はなかったことば、今のことばなどが出てくるとしらけるから、そこは避けた方がいいと言っています。

注1▼本書四七頁注5参照。
注2▼本書五〇頁注10参照。
注3▼本書四八頁注7参照。

もう一人は林美一《はやしよしかず》という浮世絵の研究家で、時代考証もやっていた人なんですが、この人はもっとラジカルな事を言っています。要するに昔のことばをそのまま再現したところで一般にはわからない、だからどういう台詞にするべきかもし迷ったら一番わかりやすい大和ことばに直せばいいんだ、そうすれば耳障りにならない、それだけのことなんだと。

それから、これも児玉さんのお話に出た三田村鳶魚が、大佛次郎『赤穂浪士』なんかに噛みついている。これは鳶魚の『大衆文芸評判記』『時代小説評判記』、今も中公文庫で読めます。実は鳶魚は、史実の誤りには確かに怒るんですけど、一番怒るのが、作家が台詞に身分違いのことばを使ってしまうことなんです。一番噛みついている相手が『夜明け前』（第一部一九三二年、第二部一九三五年）を書いた島崎藤村。これは今読んでも鳶魚の言う通りで大変面白いです。例えば木曽の山奥の名主が武士に向かって偉そうな口をきくとか、そういうのを怒るんですね。島崎藤村ほどのことばの専門家ならちゃんと書けよと怒ってる。

我々はここをわきまえないといけない。ドラマの時代考証というのは、あくまでも「らしさ」を求めることであって、決して過去そのものを再現するものではない。過去を厳密に再現するなんてことは、煎じ詰めれば実はどうでもいい事なんですね。

みなさん、ジョン・ウェイン主演の『駅馬車』（ユナイテッド・アーティスツ、ジョン・フォード監督、一九三九年公開）という映画をご覧になったことがあるでしょうか。最後にインディアンが駅馬車を襲撃するシーンがあるんですけれども、西部劇の、西部開拓史のアメリカの歴史家学者が文句をつけたんですと。インディアンは駅馬車を襲う時はまず馬を撃ち、駅馬車が走れなくなったところを一斉に襲いかかる。だけどあの映画ではインディアンは馬を撃っていない、時代考証が間違っていると言ったんです。そうしたらジョン・フォードが、あそこで馬を撃ったら映画が終わっちゃうじゃないかって（笑）。これに尽きるんです。テレビの時代考証というのも、こうもっていけばいいということなんです。

昔のことば＝時代劇の台詞ではない

で、このことばの考証もいろいろやる。Part.1 のお話でみなさんが身分違いの分類をされていましたけれども、私は単に分類するだけじゃなくて、あるシチュエーションでどういうふうに話すべきかということまで考えないとことばの考証にはならないと思います。

ある時代劇の台本原稿で、町娘が「私にそんな権利はありません」と言うのが出てきた。時代考証の江戸時代史の先生は「権利ということばはあったからＯＫです」と言ったそうですが、とんでもない。「あったとしても、町娘がそんなことば使うわけないじゃないですか！」（笑）と、「そんなこと、私がする筋合いじゃありません」と意訳した形に変えてもらいました。「史料に残っている書きことば」だけ拾っていても、生きた台詞にはならない、ということがお分かり頂けるでしょう。

もう一つ、例えば軍隊ことばというのが金水さんのお話に出ました。これも単に「軍隊」という分け方だけでは足りなくて、そもそも日本の陸軍と海軍では全然ことばが違います。海軍では「自分」という一人称は絶対使わないし、「あります」ということばもほとんど使わない。一人称は「わたくし」だったとか、そういう事まで詰めていかないとちゃんとしたことばの考証にならない。

ＮＨＫ連続テレビ小説『わろてんか』（二〇一七年後期放送、吉田智子脚本）で、北村笑店に陸軍から少佐が来て演説するシーンがありますが、あれも脚本家が書かれたものを、文意を活かしたまま私が陸軍らしいことばにアレンジしました。それから『花子とアン』（二〇一四年前期放送、中園ミホ脚本）で、ヒロインのお兄さんが憲兵になりますけれども、あれも当時の憲兵のことばを調べて台詞にしてもらいました。

こうなりますと、ことばの考証というのは時代劇に限らず、昭和、東京オリンピック以降の時代にも必要になってきている。特に昭和時代の台詞に、今どきのことばをうっかり台詞に使っちゃうのがしばしばあるＮＧです。「立ち上げる」なんてコンピュータに使うことばは、昭和四十年代にはいっさいありませんでした。昭和三十年代の人に「ソフトバンク」と言ったら、「柔らかい銀行」って何ですかと聞かれてしまう（笑）。

こういう問題を常に考えていくと、いろいろと台詞の表現も面白くなっていくということがあります。吉川さんが話した「いっぱいいっぱい」ということば、これ少しもおかしくないんですね。林美一さんが言った、丁寧な昔ながらのことばに置き換えればいいってことなんです。我々は、例えばエッチな画像とか見ると「ムラムラっとくる」と言いますよね。江戸時代の初めに、『懺悔録《ざんげろく》』というキリスト教の宣教師が書いたものがあって、当時の口語の日本語がたくさん収録されています。この中に「ムラムラっとくる」に当たることばとして、肌と肌を合わせたら、「早火《はやび》が燃え立って」というのがありました。「もう心に火がついて燃え上がって来た」と言っているんです（笑）こんなのが現代にもちゃんと通じたりします。

「ぎょっとするわい」なんてことばは、江戸時代はじめにはもう普通に使っていた。その辺のことばの意味をよく調べて整理しておいて使えば、いくらでも自然な時代劇台詞は作れる。

最近は、当時のことばをよく研究しないというか、やろうと思えば実は簡単にできるんですがそれをしないで、ついつい目先の面白そうなアイデアにだけ走ってしまったりするので、かなり有名な脚本家でも「彼は、誰々に対して対抗意識を持っている」なんて近代語の台詞が出てきてしまいます。こんなものも、例えば「あの男は、誰々のこととなるとむきになる」と言えば、ちゃんと意味はそのままに当時のことばらしくなる。その辺は、時代考証会議でディレクターと時代考証担当者が適宜打ち合わせて、落としどころを探って行きますが、ある意味実に創造的な作業になります。

方言にも階層がある

方言の問題は、これも単に方言を時代劇に取り入れたらそれでよい話になるかというと、決してそんなことはありません。なぜなら、先ほども話しましたけれども当時は身分社会でしたから。私が秋田局にいた時に、もう三十年前ですが、秋田の少し南に亀田という小さな城下町があって、そこに亀田の武家の秋田弁を話す最後のおばあさんがいらっしゃいまして、この人の話すことばは、秋田弁は秋田弁なんだけれど今のものと全然違うんですね。これを地元の人たちは御殿《ごてん》ことばといって敬っていたんですが、私はそれを聞いた体験から、台詞に一律方言を入れれば、それだけで時代劇がリアルになるなどとはとうてい考えられなくなりました。劇団の前進座▼注(4)でずっと演出と脚本をやっていらした津上忠《つがみただし》さんにかつてうかがったんですが、津上さんは森鷗外の『阿部一族』（一九一三年）を脚色するにあたって、三階層のことばを使わ

注4▼一九三一（昭和六）年に歌舞伎社会の若手俳優が、演劇の革新と生活の向上を目指して創立した劇団。歌舞伎俳優の他、新劇俳優なども参加した。演劇上演に加え、映画制作も行った。ユゴーやシェークスピアの翻訳劇などの全国巡演を行い、学校公演などでも親しまれた。

れたんですね。九州は肥後熊本、細川藩の話ですから、一番下の階層の下男下女達は民衆的熊本弁を使う。中級武士は地元で召し抱えられた人達なので、やや改まった教養のある熊本弁を使う。そして上級の武士達、これは細川家譜代で他所から入ってきた人達なので、普通の時代劇ことばのやや格調の高いものというふうに使い分けています。これですごくお芝居が「それらしく」なりました。

こんなふうに、時代劇のことばの問題というのは昔から色々と考えられていることがあって、なかなか奥の深いものがある。ことばの問題というものは、単に昔のことばを出してくれば、それで時代劇の台詞として成立するものではないのだと、頭に入れておいていただけると、この後の話がさらに面白くなるんじゃないかと思います。

Part.3

公開インタビュー

知りたい！
時代劇・歴史ドラマの
台詞の秘密

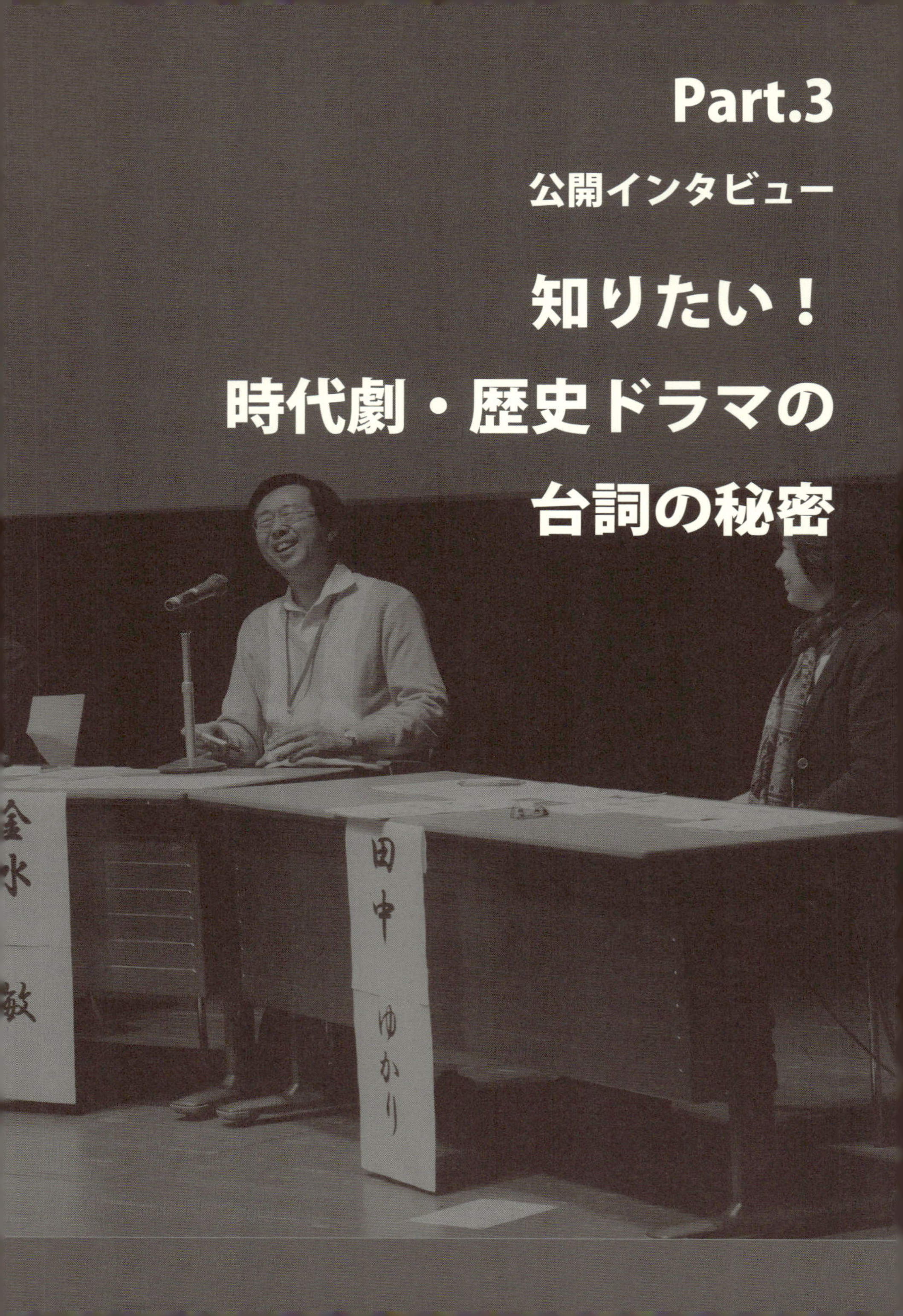

●登壇者

大森洋平　金水敏　児玉竜一　田中ゆかり　吉川邦夫

台詞にまつわるあれこれを、
ドラマ制作者と研究者が徹底的に語り尽くす！

脚本家の裏話から時代考証無視のハチャメチャ時代劇まで、
話題は多岐に及びます。

「ヴァーチャル時代語」がもつ要素の全貌が明らかに‼

●写真提供　日本大学

■プロローグ——「らしさ」の背景—外見と台詞

大森◉Part.3開始に向けて会場の準備をしている間にどうでもよい話をしますけれども、ドラマで言うと西郷隆盛は割と演じやすいんです。つまり大柄で「おいどんは、なんとかでごわす」と言って、眉毛を黒く塗って出てくると誰でも西郷さんになっちゃう。そういう意味で言うと、ヒトラーもそうなんですね。横分けにしてチョビ髭つけて目をむくと誰でも簡単にヒトラーになれる（笑）。

ところが演じて難しいのは、特徴がつかみにくい勝海舟とフランクリン・ルーズベルトなんです。これはなかなかできるものじゃない。だから『西郷どん』（二〇一八年放送）でも、どんな勝海舟が出てくるか楽しみにしていただきたい。

この辺から考えるとヴァーチャル方言としての江戸弁というのは、たぶん成立しきれないんじゃないかと心配にもなります。岡本綺堂▼注①は「江戸らしい」台詞を考えるときに「落語や講談に頼りすぎてはいけない。誇張されすぎたことばだから」と。池波正太郎▼注②も同じことを言っています。綺堂は「八つぁん、熊さんでも、お奉行さまの前に出たらちゃんと『さようでございます。仰せの通りでございます』と話す。それから江戸の直参の武家は、普段は『なんだ、ひっぱたくぞ、この野郎』等とべらんめえでしゃべっているけれども、いざ出るとこに出るとびしっと決まる」とも。これは実際に勝海舟や榎本武揚に会って会得した本当のことだと言っています。だからPart.1で児玉さんが話した鬼平なんかも、その使い分けをやっているというふうに思うと世界が広がるんじゃないかなあと。

児玉◉西郷さんは、確かに見た目のキャラは誰が演じても西郷さんに見えますけれども、西郷

注1▼本書四七頁注5参照。

注2▼一九二三〜一九九〇年。戯曲家、小説家。東京・浅草生まれ。『錯乱』（一九六〇年）で第三四回直木賞。『鬼平犯科帳』『剣客商売』などテレビ時代劇シリーズの原作小説多数。美食家、映画評論家としても知られる。

決定版となると、みんなが納得する誰かっていないような気もしますよね。たとえば信長決定版というと、みなさん世代によってそれぞれなんでしょうけど、『太閤記』（一九六五年放送）の高橋幸治とかね、いろいろな名前が出ると思うんですけれども、西郷決定版となると、その辺が難しいところです。

大森◉逆にやりやすいから決定版となる人がいないって言うのもあるんですね。ヒトラー決定版っていうのもなんか対象が広すぎて出なさそうですね。

金水◉田中さんがPart.1で言っていたと思うんですけれども、本気で鹿児島弁をやったら誰にも理解できません。オール字幕が必要となります。そういう意味では、西郷さんがやりやすいっていうのは実はヴァーチャル鹿児島弁で、むしろ西郷ことばであると言ってもいいんじゃないですかね。

田中◉まったくそうだと思います。「Part.3 公開インタビュー」が自然に始まってしまっていますけれども（笑）。

　Part.2で大森さんが言っていた、前進座▼注(3)・津上忠版の『阿部一族』▼注(4)で同じ地域方言内に三階層の台詞を作ったという話は、一つの創作物世界に投映する言語変種数としては、よい塩梅といえそうですね。方言調査にうかがっても、武家社会の名残りの強い地域では、やはり同じ○○弁と言っても、当時の家格によっていくつものレベルが存在するということが強調されると聞きます。とはいえ、それらはその地域社会の中では、その違いは大きなものとして意識されるわけですが、地域差に階層差を加味していくと、一つの作品世界内におけるバリエーションが多くなりすぎます。現実に忠実であろうとし過ぎると、視聴者にとっては越えるべきハー

注3▼本書七〇頁注4参照。

注4▼原作は森鷗外による肥後熊本を舞台とする同名の長編歴史小説（一九一三年）。細川藩主忠利の死に際し、主君の許しを得ずに追い腹を切った阿部弥一右衛門とその一族の滅亡の歴史を通じ、殉死という封建的モラルが形骸化した点を描く。演劇、映画、ドラマ化など多数。ここで、話題となっているのは、前進座で上演された津上忠（劇作家・演出家、一九二四〜二〇一四年、東京生まれ）脚本の『阿部一族』（一九六四年初演、『テアトロ』一九六四年六月号掲載、『津上忠歴史劇集』一九七〇年所収）のこと。津上版の台詞は、武士同士の公的会話（共通語〜武士ことば）、阿部家身内同士の会話（共通語〜武士ことばに若干の熊本方言的要素）、武士以外の登場人物（熊本方言的要素の濃いことば）のおよそ三層に書き分けられていることを指す。

ドルが高くなりすぎるので、よい塩梅で調整した結果が津上版『阿部一族』の三階層とも言えそうですね。

大森◉確かに。だから三階層にしたというのが上手い手なんですね。四階層にしたらくどくなっちゃうという。

田中◉私もそう思ってうかがっていました。

というわけで、なんとなく後半始まってしまいましたけれども、Part.3の公開インタビューについては、登壇者の五人がそれぞれの話を聞いて質問したいところ、さらに討論したいところといったようなところを、休み時間の間に大森さんがジャズセッションか？　大喜利か？（笑）と言いましたが、そのようなかたちで進めていきたいと思います。

もう口火は切られているんですけれども、どうでしょう。本番ということで口火を切りたい方。あ、はい、では吉川さん。

吉川邦夫氏

■時代劇方言の効果

吉川◉『真田丸』（二〇一六年放送）の鈴木京香さんが演じた寧《ねい》の役は、実はもともとは尾張弁にするつもりではありませんでした。三谷幸喜さんも、最初は他の役と同じように標準語にするつもりで、京香さんには尾張弁は練習しなくてよいですと言っていたんですよ。ところが三谷さんと物語を作っていくうちに、やはり寧は尾張弁にしたほうがよいという話になってきました。彼女は自分が居たい場所が決して大坂城ではないという人。本当なら大坂に出てこなくても良かったし、故郷で家族と幸せに暮らせれば、それでよかったのではないかと。そんな自分自身と、いま置かれている状況とのギャップみたいなものに彼女はずっと悩み続けるんですよね。そのせいで、愛情はあるのに甥の小早川秀秋の扱いに失敗したりもするという、決して「天下人の理想の妻」ではない、業を背負った人物として描いていったんですけれども、寧がそういう人物なら、最後までお国ことばがまったく抜けていない方が断然効果的だということに気が付きました。「やっぱり尾張弁で」とお伝えした時には、京香さんは驚いていましたが、狙いをすぐに理解して、とても積極的に取り組んでくださいました。結果として、とても人間的で新鮮な魅力のある寧像ができあがったと思います。

それとの対比として、秀吉はその寧に寄り添うモードになっている時と、そうではない天下人としての秀吉である時とで尾張弁と標準語を使い分ける。これを基本ルールとしました。

このように、物語上で人物像をどう設定するかと、その人物の地元の方言をどれだけ盛り込むかということは関係があります。ことばが考証的に正しいかどうかということとはまったく別の意味合いで、人物造形の一環として方言の有無を選択することがあるということをお伝えしておきます。

田中◉『真田丸』だと「寧《ねい》」になっていましたけれども、その「ねい」「ね

ね」「おね」、このキャラクターというのは、大河ドラマだけでなくさまざまなコンテンツ類においても、方言キャラクター寄りに描かれています。例えば戦国時代を舞台とした『へうげもの』（山田芳裕、講談社『モーニング』二〇〇五年～二〇一七年連載）というマンガがありますけれども、あのなかでも、「おね」はやはり方言キャラクターとして描かれています。女性で、政治から一歩引いたところのなかでキャラクター造形がなされていることとすごく関わりがあると思います。

　なんか方言寄りの話になってますけれど、それ以外のテーマでもどうでしょうか。

児玉◉『黄金の日日』（一九七八年放送）のねね、十朱幸代は方言をしゃべってましたか?

大森◉はい。大河では、あれが最初ですね。

■相手によって使い分けられることば

児玉◉『黄金の日日』より少し後ですけど、TBSの豪華配役の『関ヶ原』（一九八一年、特別企画7時間ドラマ）のねねは杉村春子が、沢村貞子の前田利家夫人と方言でしゃべってましたね。公的な立場じゃなくて、私的な親しみの表現ですね。

　でも、相手によって話すことばが違うというのは、例えば歌舞伎なんかでもよくあることです。『与話情浮名横櫛《よはなさけうきなのよこぐし》』▼注(5)で、お富を囲っているのは和泉屋の番頭の多左衛門ですけれども、与三郎という何者とも知れないが、お富と知り合いらしいという相手には丁寧にしゃべるけれども、昔からの知り合いであって恩を与えている蝙蝠安《こうもりやす》に対してはぞんざいにしゃべるという。そういうような使い分けでキャラクターができるというのは昔からあることで、それが方言に

©山田芳裕／講談社

注5▼嘉永六年（一八五三）初演の江戸歌舞伎。三代目瀬川如皐作。お互いが死んだと思っていたお富と与三郎が、思わぬ形で再会する「源氏店」が有名。「死んだはずだよお富さん」と歌謡曲（一九五四年、春日八郎『お富さん』）にも歌われた。

なるというところが一つ面白いところですね。

吉川◉方言も、そういう使い分けのツールとして使うことができるということですよね。

金水◉『東海道四谷怪談』[注(6)]にしても、単なる時代劇にしても武家同士で話す時は武家ことばで話す、普段生活してる時とかお岩としゃべる時は完全に江戸ことばになりますね。

児玉◉そうですね。伊右衛門が舅を殺そうと覚悟したときにはことば遣いが変わるとか、そういうことです。

大森◉ことばの使い分けの問題というのは、岡本綺堂の随筆『江戸のことば』(河出文庫、二〇〇三年)にも出てたけど、実は今お話に出た杉村春子さんの芝居が好きじゃないという人が結構いて、彼女がしゃべるとどうも台詞の端々に広島弁が残ってて嫌だと。十年以上前ですけど、時代劇のことばを考えるシンポジウムに出た時に、東北地方の視聴者の方から「東北出身でない俳優が東北弁をしゃべるとすごく違和感がある。無理に東北弁にしないでくれ」と。「普通の時代劇ことばでやってくれたほうが、私たちはドラマに共感できるんだ」という意見もありましたので、やはりいたずらに方言が入ってくるというのはどうかな、という気はしますね。

田中◉その通りだと思います。ただ、やはり時代は変わってきていて、よそ者がしゃべる○○弁ということにも許容度が上がってきているということもあるので、時代時代の視聴者がどういうふうに考えているか、どういうふうに考え受け止めていくのかといったようなところで、「時代によって選択すべきことばは変わる」「時代によって、同じ題材を使ってもドラマは変わる」のだと思います。先に吉川さんがおっしゃっていたことの繰り返しになりますが、そのあたりのさじ加減なのかな、とは思いますね。

注6▼本書一四頁参照。

■方言許容度の移り変わり

児玉◉共通語は時代によって実は変わって、義太夫節の時代ってのは全員関西弁ですからね。江戸の人が出てきても、東北の人が出てきても、基本関西弁なので。ただそのなかに方言キャラとして、先ほど言いましたように『平家女護島《へいけにょごのしま》』▼注(7)の「鬼界ケ島《きかいがしま》」の海女千鳥がいたり、それから東北からやってきた『碁太平記白石噺《ごたいへいきしろいしばなし》』▼注(8)の信夫《しのぶ》のような女の子がいたりという形で。関西人もある種の関西弁中華思想を持っていて、これはこれで厄介なんですけれども、江戸時代も関西中心であるところの義太夫節なんていうのは、後の東京共通語と同じ構造が見て取れるだろうということですね。

金水◉方言ドラマで一番方言に文句付けるのは関西人だという。

児玉◉そうですね。関西人が一番ね、ヨソモノがしゃべる関西弁にうるさいですよね。関西人として体験的に申しますが、小学生が転校してきて、東京から来たのはもれなく、「きりつ《LHH》（起立）、れい《HL》（礼）▼注(9)」と言っただけで「うわあ、れいやて」と言われる。「きりつ、れー《LHH HH》」と言わなきゃいけないんですね。「れい《HL》」と言っただけで、それでもういじめの対象ですからね。過酷な、ほんと過酷な世界。これ、小説家の吉田修一氏にしゃべったら、さっそく当時、朝日新聞で連載中の小説「国宝」（朝日新聞出版、二〇一八年）の中のネタにされました。

大森◉あの、『カーネーション』（連続テレビ小説、二〇一一年後期放送）というドラマで岸和田弁が出てきた時に一番怒っていたのが河内の友人で、なんて岸和田弁は汚いんだって河内弁で怒ってたんですけど、岸和田弁と河内弁のどこがどう違うのかよくわからない（笑）。

いま義太夫、浄瑠璃が大阪弁だというお話で、私、かつて大阪講談の三代目旭堂南陵《きょくどうなんりょう》の『太

注7▼本書四六頁注3参照。

注8▼本書四六頁注4参照。

注9▼Hは高い音、Lは低い音であることを示す。

閤記』を聞きまして、これは敵も味方も全部大阪弁でやります（笑）。山崎合戦とかやると最初は変な感じがするんですけど、えも言われぬ劇的な空間が立ち上がってくるというのがあって、それはそれで捨てたもんじゃなかったですね。

■古典芸能における方言キャラ

田中◉中央語が上方弁ベースだったときと、それからいまの東京弁ベースの時代では、造形の仕方はやはり違うと思うんですけれども、今日の話のなかであまり出てきませんでしたが、いわゆる作られた田舎弁みたいなことは、古典芸能のなかでは、どうなっているのでしょうか。例えばさっき出てきた三都以外のところは方言キャラになると児玉さんは言っていましたけど、具体的にはどんな造形だったんですか。

児玉◉例えば海女千鳥は「かわいがってくださいね」ということを「りんにょぎゃってくれめせや」と言うんですよね。ちょっと字幕の要りそうなことばですけれども、なんとなくわかるだろうという形で投げ出す。前進座の演出では登場人物が台詞として「それどういう意味？」と聞いて、「かわいがって欲しいという意味」と答えて、えらい丁寧に説明しよりますけれども。一般には大体これわかるでしょ、という投げ出し方ですよ。

田中ゆかり氏

田中◉木下順二[▼注(10)]的な「田舎弁」は、北関東東北方言パーツに、西日本方言パーツ、さらに九州弁パーツが

注10▼劇作家、評論家。一九一四年〜二〇〇六年。東京本郷生まれ。小学四年から高校（旧制五校）までを郷里の熊本で過ごす。現代劇と民話劇の二系統の戯曲を書く。民話劇の系統では、地域方言を資源とするものが多い。『彦市ばなし』（一九四六年）では、舞台となる熊本の方言（木下自身は「地域語」と呼ぶ）を、『夕鶴』（一九四九年）では全国各地の地域方言を資源とした人工的な「普遍的方言」を用いた。『日本語の世界12　戯曲の日本語』（一九八二年、中央公論社）などもあり、戯曲に用いる言語変種に意識的な劇作家であった。

加わるというようなパッチワーク方言になっています。しかし、これも七〇年代以降になってくると、人によっては受け入れにくいような時代となってきましたね。

児玉◉民話劇的なしつらえの中で人工方言ですね。

田中◉そうそう。テレビの『水戸黄門』▼注(11)のなかで、どこに行っても何故か地元の農民は北関東・東北弁的な「田舎弁」で直訴する的なしつらえだったと思うんですけれど、上方弁ベースになった時にそういうなんと言うか、作られた田舎弁のマーカーみたいなものはどんな感じだったんでしょうね？

金水◉『博多小女郎波枕《はかたこじょろうなみまくら》』▼注(12)に九州弁の断片が出てきます。それはやはり、方言学者がやってるんじゃないので、なんちゃって方言ということになりますよね。

今年度のうちの学生が、卒論で上方落語における田舎者のことばづかいというのを見たんですけれども、やはり落語の大阪弁とは明らかに違うんだけれども、だからと言ってリアルな方言でもない。なんとなく、やはり岡山とか広島とかよりは、丹波とか関西の、周辺部っぽい感じでやっているという。それはやはり米朝さん（三代目桂米朝：一九二五～二〇一五年）が言ってまして、リアルにやっちゃうとその地方の人が怒るっていうか、傷つけちゃうから。だからリアルにはやらない、わざとリアルにしない。ってことはたぶん江戸落語でもそういうふうに言ってると思いますよ。

大森◉さっき話した、綺堂が「落語をあまり昔のことばの参考にしてはいけない」と言うのはそういうことなんでしょうね。

児玉◉上方落語の場合は、さらに話が難しいのは昭和二十年代に一回ほぼ絶滅しかけています

注11▼本書一六頁注3参照。

注12▼浄瑠璃。近松門左衛門作。京の商人小松屋惣七は博多柳町の遊女小女郎のために、毛剃九右衛門の海賊一味に加わるが、捕らえられ自殺する。

からね。桂米朝がそれをかなりの部分を復活させている。しかし桂米朝は姫路の出身なので、彼自身が外部の人なんですよね。ですから、米朝の上方弁がそもそも受け入れられないという大阪の島之内中華思想の人たちもいて、それを全部含めての米朝ことば、上方落語なので、そこが二重三重にややこしいということですね。

■翻訳作品における方言キャラ

大森◉なんちゃって方言というのは、実はテレビの吹き替え▼注(13)にも入っていまして、最近はさすがに少なくなりましたけど、以前は西部劇なんかでメキシコ人や黒人が出てくるとみんな『水戸黄門』の百姓の話し方になってくるんですね。「アメリカの旦那、おらそんな難しいことはわからねえだ」とか。それを言うのが大抵バカボンのパパの声の人（雨森雅司）だったりとか（笑）。

金水◉それはうちの卒業生も卒論で調べました。翻訳小説の黒人の台詞の歴史的変遷をやっています。

大森◉こういう台詞の元は『ドン・キホーテ』の翻訳のサンチョ・パンサあたりなんですかね。

児玉◉でもやはり、翻訳にどういうことばをあてていくか。それはもっと大変な話でちょっと今日の範囲には収めきれないと思うんですけどね。例えば松井須磨子が台詞を吹き込んでいるSPレコード『復活唱歌』を聞きますとね、「カチューシャかわいや」のロシアの話なんだけど、若旦那がどうしたとか、女衒《ぜげん》がどうしたとか、「桂庵《けいあん》」、口入れ屋ですね、そんなんロシア文学の語彙にないやろ、っていうことばが頻出するんですよね。それはやっぱり、聞いている日本

注13▼映画の吹き替えや字幕でも同様事例の指摘ならびにその考察がある。ダニエル=ロング・朝日祥之（一九九九）、中村桃子（二〇一三）など。

の観客にわかるように、語彙をあてはめているわけで、そういう変換というか、トレースは吹き替え以前からあるんですよ。

■脚本家によるスタイルの違い

吉川◉それが、その時代ごとの受け手のアンテナ、なんですよね。その変化が必ず影響を及ぼしてくる。現在について言えば、今はもう新しく時代劇を書こうとする時に、真っ先に古典にあたるような人はもともと非常に造詣の深い人で、例えば三谷さんはとてもよく史料を読み込む脚本家ですが、彼が何によって一番時代劇を勉強したかというと、それは「大河ドラマ」だとご本人が仰ってました。大河ドラマを古典として参照して、自分が書くタッチの参考にするという新しいジェネレーションの作家だといえるのかもしれません。その一方、大河ドラマ自体に既にそのぐらい積み上げがあるのも事実なわけで、そうすると今度は、どの大河ドラマを参考するかによってものすごく変わってきますね。三谷さんは明らかに市川森一さんの影響を受けています。

児玉◉『黄金の日日』（一九七八年放送）ですねえ。

吉川◉そうですね。そんな感じで世代ごとにどんどん数珠つなぎにステージが変わっていくんですよね。それがドラマの振れ幅になってくれればいいんですが、その一方で、届かなかったものがどんどんどん小さくなっていくということもあるので、そこは作り手である我々サイドの課題かなと思います。参照されるものの幅が広くなることは全然悪いことではないはずですけれど。

児玉◉市川さんから影響を受けているのが確かだっていうような形での、継承される方って他にもいらっしゃるんでしょうか。田向正健さんなんかは、助詞を抜くと時代劇っぽく聞こえるという主義なのか、台詞に癖がありますね。あれ私、『信長』（一九九二年放送）を見ていて、申し訳ないですけどすごく気になって、ちょっとこれかなわんなと思って、テレビ切っちゃう。その後にリアルタイムで見てなかった『武田信玄』（一九八八年放送）を再放送で見てたら、これ絶対同じ人の台本って台詞の文体でわかっちゃうんですよね。

吉川◉「美しき流れ、作らねばなりませぬ」。「、」なんですよね。助詞の代わりに。

児玉◉そうなんですよね、ええ。でもああいうのはある種の個人の文体で、大河の方針というわけではないのでしょう？

吉川◉そうですね。

大森◉ところがそれをやりすぎるとSF小説の『アルジャーノンに花束を』（ダニエル＝キイス、一九五九年、一九六六年改作）の出だし部分「それわかまわないからしゃべているよおにかけばいいからといって」（早川文庫、一五頁）みたいな、物凄くたどたどしいだけの文体（これは知的障害をもつ主人公が書いた文章という設定で、翻訳は最高です。念のため）がつらなるだけになっちゃう。

吉川◉田向さんは田向さんのスタイルの中でそれを実践したっていうことですよね。そういえば、僕はあのときはまだドラマ部の新人ディレクターだったので、一本だけ演出したんですけれども、自分が撮るとなったら違和感が強くてですね。台詞に助詞を入れたいと言ったら、『信長』チーフ演出の重光亨彦さんにふざけんなって怒られました。いま急に思い出しました（笑）。

その時に学んだのは、ある違和感に作品性に直結する要素があって、それが狙いと合致しているものであるならば、その違和感は、排除されるべきものではなく、逆に尊重されるべきものだということ。Part.2でお話した『草燃える』（一九七九年放送）の現代語台詞を、もし途中で普通の時代劇語に戻したらキャラクターも世界観も崩壊してしまう。始めた以上は貫徹しなくちゃいけないんです。その枠組みの中でよりよくなるように試行錯誤をする。それは一貫性のあるドラマを作る上で最低限必要なことですね。

■時代語らしい雰囲気で魅せる

大森◉Part.1の金水さんに「僕」の話が出ましたが、やはりあの明治の後半に、幕末劇をやって当時の武士は普通に「僕」「君」というのを使っていた。しかもかなり今よりも敬度は高かった。それを取り入れて、「僕はこう思うけど君はどうですか？」とか言ったら観客が笑い出しちゃって、公演三日目ぐらいに「なになにでござる」というのに泣く泣く戻したって話もありますけれどもね。

金水◉作られた時代語ということで言うと、浅井長政、大河の『江』（二〇一一年放送）です。あれでね、「此度《こたび》」というのを毎回のように言うんですよ。で、最近ちょっとデータベースで調べたんですけど、「此度」が一番使われているのは明治時代で、古代中世じゃあまりないんですよ。ゼロじゃないんですけどね。

大森◉そこが問題で、繰り返しになりますがその辺は突き詰め過ぎず、いかにもその時代らしいという雰囲気で言わせればいいのです。時代劇台詞は所詮当時の言語の正確な再現じゃないですから。『江』の場合だと「やったー」と江が言うと生意気だって批判が視聴者からすごく出たんですけど、男の台詞としてはもうずーっと昔からある。『黄金の日日』で根津甚八が「やったー」と言っても誰も何も言わない。なぜか女の人が言うと反発がある。じゃあ「さてもやりつるものかな！」なんて言ったらますます変なことになってしまうと……。

吉川◉ちなみにですね、大抵「此度」となってるのは、「このへん」（自分と大森氏を指さしながら）でなってます（笑）。脚本家が実際にどう書いてくるかというと、ほとんど一〇〇％「今度」と書いています。それをいつも「このたび」や「此度」に直してますね。「此度」を採用することが多いですが、それは「此度」の方が弾みがいいからです。ことばとして。

大森◉ただね、「此度」に全部統一しちゃうと機械的で駄目になって、同一シーンで同一人物が言うんだったら「此度」に統一するけど、他のシーンだったら「このほど」と言ったっていいじゃないですか。「こんにち」と言ったっていいわけです。そこはね、変に昔の台詞だからといって固定化しちゃって、一対一の対応にしちゃうと非常に変なことになってしまいます。

■昔のことばを正しく声に出すことの難しさ

田中◉「このへん」（吉川・大森氏を指さしながら）で、「此度」に直したというお話が出たところで、具体的にこのような台詞直しを行ったというエピソードなどがあれば、うかがいたいと思います。

児玉◉吉川さんのパートで見せていただいた、役者さんの台本とは異なるとっさに出たことばに対して、NGが出るってことだって当然ありうるんですよね？

吉川◉もちろんです。それはさすがに駄目ということばもあります。「私の自由」ということばが出てきたときに「私の勝手」に直したりとか、「経験」を「場数」に置き換えたりとか、ということですね。明治以降に出現したことばであれば当然避けた方がよいし、そうでなくとも「らしくない」ことばには注意します。本当は大丈夫であっても現代語に聞こえかねないことばがあればなるべく直します。見る人の頭の中に「はてなマーク（?）」を生じさせたくないんですよね。ドラマの中に入っていってほしいから。だいたい声にしてみて、「あれ?」と引っかかることばを拾い出していきます。時間に余裕のある時は、時代考証会議[注14]で実際に台本を若手のディレクターに読み上げてもらって、それを聞いて、ことばを検討することがあります。そうすると体感的に台詞の問題に気づきやすい。さらに若手のディレクターが変な読み違いをすると、実は台本を理解できていないことが分かってしまうという（笑）。そういう教育的なことも含めて、読み上げる作業は意味がありますね。

大森◉今は台本の中の昔のことばにルビを振ると、その通りには読めても、若い役者さんだとアクセント・イントネーションが変になっちゃうことが多くなっている。仏教で「軍神摩利支天」というのがありますよね。あの「摩利支天」というのを「毬、視点」とか読んじゃう。だから「パリ支店」と同じアクセントだよ、と教えたり、昭和ドラマの軍人で「主計少佐」は「市場調査」と同じ、「将兵」は「蓮舫」と同じ（笑）、とかそういうふうに例えで教えないと

大森洋平氏

注14▼本書五九頁参照。

若い人たちに通じなくなる時代になりましたね。

児玉◉歌舞伎でも今や台本が印刷されて、役者たちに配られますからね。そうするとね、役者が文字面で覚えるんです。『助六』▼注(15)の股くぐりで、「とこう言う内、風吹き烏が来るわ来るわ」と言うんですけど、海老蔵は「と、こう言う内」と言うんですね。違う、「兎角」が訛って「とこう」なんだけれども、耳で覚えていないんですよね。役者がそれじゃ困る。とりわけ歌舞伎がそれじゃ困るんですけれども、そういう恐ろしさがある。

大森◉「とりわけ虫が好きだったファーブル」がですね、「とりわけ虫」というのがいることになるんです（笑）。

注15▼江戸歌舞伎を代表する演目。主演者によって題名が変わるが、歌舞伎十八番「助六由縁江戸桜」に代表される。「股くぐり」は、花川戸助六が吉原でお家の重宝友切丸を探すために喧嘩をする場面。

■地方出身の役者の存在効果

田中◉さっきなぜ、どういうふうに直したことがあるのかうかがったのかというと、一番演じるのがキャラクターとして難しいものとして、勝海舟が上がっていましたけれども、『勝海舟』（一九七四年放送）の決定稿の台本を調べている中で、台本上の西郷隆盛の台詞は共通語でしたが、そこには「薩弁で」という手書きの注があるばかりなんですね。一方、映像では、かなり濃厚な薩摩弁になっていました。そういうケースでは、どういうふうなプロセスを経て、誰が役者の台詞の方言を決めたのか気になっています。『勝海舟』の時代には、八〇年代以降では導入されている方言指導が入っていませんから、スタッフに九州人か薩摩人がいたのかもしれませんけれども。

吉川◉方言指導を正式にクレジットしようという動きになるまでの歴史がもちろんあります。

役者達をたくさん集めていますから、大抵いろんなところの出身者がいるわけですよね。昔は正式に指導に誰かを立てるということをする前に、だいたいその地方出身の役者を、例えば三番手くらいの役にキャスティングして、その人にことばを直してもらって方言のニュアンスをつけていくみたいなことをやっていましたね。

大森◉二〇一八年放送の『西郷どん』だと、西郷どんの妹役の、桜庭ななみさんが鹿児島出身なんですよね。だから彼女が鹿児島弁の台詞を言うと、他の人とは一味違う、なんか非常によいニュアンスが出てくるんでかっこいいなあと思って聞いていたんです。それなのかなあ。

吉川◉それはありますね。ネイティヴの人がいると、周りの人もそれに引っ張られて、自然にその人のアクセントに寄せようとしていきますから。誰かが方言考証をして、きっちり直したことばをしゃべっています、ということよりも、実は場の空気を作って乗せていくというのが、クオリティを上げるためにとても有効だったりします。

ＮＨＫ『あさイチ』で濱田岳さんが、連続テレビ小説『わろてんか』(二〇一七年後期放送)で関西ことばをしゃべる役を演じるのに、与えられたことばをひたすら正確に言おうとするよりも、周りの関西人のニュアンスをそのまま取り入れることを意識したらうまくいったという話をしていました。

■気持ちのよいことばのリズムを目指す

田中◉もうひとつ先ほどの吉川さんのお話のなかで、台詞を決定稿に移していくときにリズムを重視するために、シラブル数を揃えたという話をなさってたんで、いわゆる歌詞を作ったりするのと似たようなことなんだなあというふうにも思ったので。

吉川◉そこは常に意識します。リズムということで言えば、大野靖子さんの時代劇の脚本は場面によってト書きまで七五調で書かれてたりするんです。脚本をただ読んでいても、弾んで気持ちよくて引き込まれる。ただし、それはリアルな口語の表現という話ではない。芝居的にリズムが気持ちいいことばの選択ですね。

大森◉それは『義経』（二〇〇五年放送）の時に、平宗盛役の鶴見辰吾さんが一の谷の合戦で平家方が陣地を作る時に、台本では「堀を掘り、逆茂木《さかもぎ》（バリケード）を置いて」とプレーンなことばになっていたんですね。で、これはいっそ七五調の「七七」リズムでつらねた方がかっこいいぞと思って提案して、「堀を巡らせ逆茂木を引き」と「平家物語」風の言い回しにしてもらった、そうしたら非常に台詞が朗々と響いて、いかにも合戦前の緊迫感が出たっていうのはありました。だから、やはりことばのリズムというのは、多少、時代的な制約というのから離れてやったほうがよいようなところはあると思いますね。

吉川◉ことばのリズムは、台詞を言っている側だけではなくて、聞いている相手のリズムにも影響してくるので、台本を仕上げるときに、全体のリズムを意識して会話を整えて行きます。だぶってる表現を削ろうとしたり、あるいはあえてだぶらせようとしたり。そういう芝居としてのことばのやり取りのリズムみたいなところを大事にしています。七五調の台詞にして、そのまま朗々と語ることである種の陶酔感みたいなものが出ることもあるし、一方それをあえて崩すことで陶酔させないということもある。最終的にはドラマとしてどうするかという判断です。そのシーンの持っている意味を十分に掘り下げていくという作業がどうしても必要になってきます。

大森◉あえてそれを使うっていうのはね。綺堂だって、『鳥辺山心中《とりべやましんじゅう》』（一九一七年）や『修禅寺物語』（一九一八年）でいきなり七五調になるでしょう？　ミュージカルで突然歌い出すみたいに（笑）

■歌舞伎・新劇・テレビドラマの違い

児玉◉初期の大河を作っている方、劇作家だった人が多いですけれども、それからテレビプロパーの人になってくるということがあると思いますけれども、その劇作家とシナリオライターの違いというのはこう何かお感じになるところがありますか。

吉川◉出自が同じでも、その作家が何に学んだかによって受ける影響が変わってくるので、劇作家とテレビプロパーの違いというよりは、やはり個人差だと思います。最近の脚本家が古典にあまり触れていないのか、というとそんなことはなくて、いまの作家でも山本むつみさんなどはとてもよく学ばれている気がします。実際に脚本を書くとき、そこから直接何かを引いているという意識はご本人にはあまりないのかもしれませんが、脚本を読ませていただくと、古典からの影響も少なからず受けられているように感じます。

例えば落語がものすごく好きな作家だったりとか、歌舞伎に深く通じている、とか。結局そういう作家自身のインプットが何によってなされているのかということがその作家の独自性を形成していると思います。

大森◉私は小学校四年生の時の『天と地と』（一九六九年放送）から大河を見ていて、『天と地と』は今でも台詞を暗唱できるくらい覚えているんですが、当時の記憶で言うと時代劇らしい台詞って歌舞伎の人より新劇の人の方が素晴らしかったんです。歌舞伎の人はね、テレビ時代劇に出てきて台詞を言うとちょっとわざとらしくなっちゃうんです。滝沢修さんなんかの台詞は子供心にも非常にリアルに聞こえた、というのはありましたね。

児玉◉滝沢さんは変幻自在でね。吉良上野介とかやると、どさ回りの歌舞伎の役者よりもクサイ芝居をしますからね。

吉川◉直近で、正月時代劇『風雲児たち～蘭学革命《れぼりゅうし》篇～』（二〇一八年放送）というのをやったんですけれども、『解体新書』の翻訳を手がけた蘭方医・前野良沢を片岡愛之助さんが、杉田玄白を新納慎也さんが演じました。実際に台本の読み合わせをしたときに、愛之助さんからはやや様式的なトーンを抜くという演出をつけて。逆に新納さんには、やや時代劇的な様式に寄せる方向につけました。同じ台本を読んでるんですけれども、その人が持っている出自というか、表現者としての核のありかによって、バランスのとり方をそれぞれ逆方向に振ったんです。それで二人のお芝居のバランスを探っていくと、どこかで二人の会話がお互いに気持ちよいリズムに

なる瞬間が訪れるんですよ。

児玉◉そういう時も自分のリズムは絶対崩さないという人もなかにはいますか？

吉川◉いますね。

児玉◉有名なのが映画『柳生一族の陰謀』（東映、深作欣二監督、一九七八年公開）でね、萬屋錦之介が演じる柳生但馬守の「夢でござる」と、文学座の高橋悦史の松平伊豆守が、歌舞伎調と新劇とで全然違う演技術がぶつかることになっちゃったわけですけれども、そういうタイプの方もいらっしゃいますかね。

吉川◉いらっしゃいますね（笑）。ただ、そういう方をキャスティングするなら、むしろ役をそっちに近づけますね。脚本を作るときにそう演じてより面白くなるように作ろうと考えます。結局、あらゆる要素のバランスを取っていく中で、一本のドラマとして成立していくんですね。

大森◉この間までＮＨＫで放送していた『アシガール』（土曜時代劇ドラマ、二〇一七年放送）。あれがかなり台詞では力を入れていたんですけれども、ヒロインの現代の女子高生はもう思いっきり現代語調にして、そのかわり戦国時代の人は、モロ時代劇調でやってくれと。そういうふうにやると、本当に戦国時代にタイムスリップしちゃった高校生の感じが出るんですね。ともさかりえさんみたいな時代劇馴れしてる人が、実に上手く時代劇の中級武士の妻女らしい話し方をされて、かえって非常に、なんかこう「戦国のホストマザーの情愛みたいなものが出た」って非常に評判をいただきました。あれは楽しい仕事でしたよ。

■大雑把な時代考証？

田中◉そうするとやはり、そのドラマの枠といったことの話が出てきたと思うんですけれども、枠、あるいは、その製作者や視聴者としてのことば遣いに対する「期待値」というのがあると思うんですけれども、先ほど話題に出た正月時代劇『風雲児たち』の冒頭で、「これは大河ドラマではない。よって時代考証は大雑把である」というようなことを入れられていました。これは当然、「しっかりやっているけれども」といったところが絶対あると思うんですが、その心は？

吉川◉考証会議で大森さんは、「大雑把である」のところは憤慨してましたけどね（笑）。

田中◉そうなんですね（笑）。ご本人は納得してる？

吉川◉大雑把だったよね（笑）。

大森◉ちゃんとやってる！（笑）。

吉川◉これはやってみて意外だったことですけれども、『解体新書』の話って、あんなに有名なのに、杉田玄白の『蘭学事始』以外に、その実際の作業のディテイルについてきちんと語られたものはないんです。ところが劇中で描いたように、その杉田玄白の言っていること自体にどうも信用しきれないところがあると分かってきました。庭の落ち葉を掃き集めると盛り上がる様を見て、「フルヘッヘンド」という単語が「うずたかし」という意味だと玄白が閃く、という有名エピソードがあるのですが、どうも玄白の作り話らしい、と。ドラマ内でもそのことをネタにしたんですが、それがフィクションなら、本当はどうだったのか。原書の『ターヘル・アナトミア』も、『解体新書』も残っていますから類推はいくつかできるんですが、翻訳のプロセスが記録されているものは『蘭学事始』以外にないわけです。みなもと太郎[▼注16]さんの原作には、解剖道具の名前を知恵を出し合って訳していくとてもいいシーンがあるんですけれども、

注16▼漫画家。一九四七年〜。京都府京都市出身。代表作は『風雲児たち』（一九七九年〜、潮出版社・リイド社）、『ホモホモ7』（一九七〇〜一九七一年 講談社『週刊少年マガジン』連載）。二〇一八年一月一日放送のNHK正月時代劇『風雲児たち〜蘭学革命【れぼりゅうし】篇〜』（三谷幸喜脚本）の原作者。

そのシーンに該当する史料が見つけられなくて、困ってみなもと先生に電話したら、「いや、あれは私の創作です」とおっしゃって。それをうかがって、腹をくくりました。前野良沢が翻訳の中心人物だったこと、最終的に『解体新書』のクレジットに名前が載らなかったことは事実。みなもとさんの原作は、杉田玄白の影で歴史に埋もれた前野良沢の功績にスポットを当て、良沢と玄白の友情と決裂の過程を見事に描いています。翻訳作業の実際に考証的な裏付けが不十分だとしても、史料が足りないというだけで、本当にそうだったのかもしれない。ならば、そのことを冒頭ではっきり宣言してドラマの世界に入っていただこうと思いまして。

田中◉なるほど。私は、「大雑把である」の前振りを拝見したときに、とある西部劇へのオマージュなのかなと思って。「大体真実である」かなと思ったんですけど。そうではなかったんですね？

吉川◉あ、それは意識しました。

田中◉ああ、やっぱりそうですよね。そういうこともちょっとうかがってみたかった。

吉川◉『明日に向かって撃て』（二〇世紀フォックス、ジョージ・ロイ・ヒル監督、一九六九年公開）と『ロイ・ビーン』（ファースト・アーティスツ、ジョン・ヒューストン監督、一九七二年公開）は意識しましたね。

大森◉『明日に向かって撃て』の最初に、「この物語は大体真実である」と。『ロイ・ビーン』という、これも名作西部劇の冒頭に、「この物語は事実ではない。ただし、こうあって欲しかった物語である」と但し書きが出てくる。これぞ時代劇の真髄ですね（笑）。

■ハチャメチャ時代劇がもつ説得力の秘密

金水◉昔のＮＨＫのドラマで『天下御免』（一九七一〜七二年放送）というのがあって、ハチャメチャ時代劇の走りみたいなもので、当時一緒に見ていた人たちで、あのドラマはすごく人気が高くてすごく盛り上がったんですよね。あれの創作裏側とかうかがえるとうれしいです。

吉川◉岡崎栄さんというＮＨＫの大先輩ディレクターが作りました。早坂暁さんという非常に優れた脚本家と一緒に、確信犯で、新しいものをやろうと思ったそうです。平賀源内という稀代の奇人を描く以上、普通の規格からはみ出したものを作らなければ彼に勝てないと思ったと岡崎さんから聞いたように思います。長崎から江戸に帰ってきた源内たちを、そのまま原宿の歩行者天国に連れて行って歩かせちゃったりとか、いろいろ仕掛けていましたよね。

金水◉日本駄右衛門とか出ていましたよね。歌舞伎『青砥稿花紅彩画《あおとぞうしはなのにしきえ》』▼注(17)の登場人物の。

吉川◉どこまではみ出せるかみたいな映像表現の実験に毎回チャレンジして。実際その空気はものすごく受け入れられて、視聴率もよかったんじゃないかと思います。僕も子どもの時にすごく面白く見ていました。だから源内が登場する『風雲児たち』を本当は早坂さんに見ていただきたかったんですが、放送の直前に亡くなられてしまって……。

大森◉『天下御免』の何がよかったかといったら、時代劇の枠そのものはものすごくきちんと作っているんですよね。そのなかで、遊ぶから面白い。ところが『天下御免』を真似て作ると、時代劇の枠もいい加減にしちゃうから、単なるバカバカしい騒ぎになっちゃって終わっちゃう。『天下御免』と同じころに『岡っ引どぶ』（関西テレビ、一九七二年放送）というのを民放でやっていて、これもある意味先駆的な作品で、上手い役者が現代語を取り入れて、同心が襟巻

注17▼河竹黙阿弥作。日本駄右衛門（にっぽんだえもん）、弁天小僧菊之助（べんてんこぞうきくのすけ）、忠信利平（ただのぶりへい）、赤星十三郎（あかぼしじゅうざぶろう）、南郷力丸（なんごうりきまる）、の泥棒五人の話。弁天小僧の「知らざぁ言って聞かせやしょう。」からはじまる台詞が有名。

きして、「おれのマフラーをどうしようってんだ」とか、「お前にショックを与えてやろうか」だとかを、山崎努や米倉斉加年が言いあう。実におかしくて、それでいて爛熟期の江戸文化のデカダンスが出ていた。『天下御免』でも素晴らしいシーンがあって、平賀源内が厳密に時代考証した忠臣蔵の芝居を上演したら、全然つまんなくてみんな客が寝ちゃったってなんて(笑)、時代劇はかくあるべきだってエピソードがありましたね。

吉川◉大事なのは、フィクションとして大きな嘘はついても、小さな嘘は絶対つかないこと。つかなくてよい嘘はつかないって決めることは意外と大事で、想像で作ったシーンだとしても、本当にそうだったかもしれないと思えるところまで、調べ上げて検証して追い込みたいというのは常にありますね。それが物語の説得力を生みます。仮説で語れるのがドラマのよいところだからこそ、その部分は大事にしたいなと思っています。

金水◉『柳生一族の陰謀』(東映、深作欣次監督、一九七八年公開)とか、歴史をメチャクチャ変えちゃったりするんです。これ日本の話じゃないだろうみたいな雰囲気。

児玉竜一氏

児玉◉だけども最終的には、そのすべての真実は隠蔽されて、それで歴史はみなさんの知ってる通りになったという形で一応収まる。それはもう人形浄瑠璃がいやほどやってきたことなんですよ。真実はこうだった、今見ているあなたにだけはそれを知らせてあげたい、だけど歴史はみなさん知っている通りになりましたっていうドラマの作り方ですね。

■近代軍人所作の考証

児玉◉ Part.2の大森さんの話に、陸軍と海軍が違うというお話がありましたけど、ことばが違うということは、仕草が違って所作が違ってくるということにつながってくるわけですよね、きっと。そう意味では、ことばのチョイスと同時に、所作のチョイスというか、所作指導というのが付いたりしますけれども、それ以外にもきっといろんなところで、所作の考証というのもあるんじゃないですか？

大森◉ ありますねえ。特に戦前劇の場合、時代劇だと日舞や茶道とかの所作が参考になりますが、昭和軍人の動きというのはできなくなっちゃってる。で、実は「日本映画テレビプロデューサー協会（社団法人）」が昭和五五年頃に『昭和の陸軍』▼注(18)というビデオ教材を作りました。若手ディレクター用に軍人の所作が全部入っているというのをみんな軍隊経験のあるプロデューサーや技術さんやアナウンサーが作ったものがあって、これを私は持っていて、資料として活用しているのですが、実に面白くて勉強になります。

当時の新国劇の若手俳優一〇人を一個分隊にして、兵隊の基本的動作から分隊全体の動き方まで訓練するハウツーものなんです。で、その指導係が名脇役の多々良純さん。この人は実際近衛歩兵連隊の軍曹だったんでもうバッチリ適任なんですね。やっているうちだんだん本気になって、「そんなんじゃ駄目だ！」なんて小突いたりして。

本当は海軍編を作るはずだったんだけど、懐かしくてみんな、力入れすぎて海軍編の予算がなくなってしまったという（笑）。やはり陸海では所作が違うんですよ。私自身も旧軍の方に聞き書きしましたが、陸軍だと偉い人が一番最初に部屋に入るが、海軍は最後に入る。軍艦と

注18▼このビデオは非売品だが、内容を単行本化したものが『目で見る日本風俗誌② 昭和の陸軍』として刊行された（日本映画テレビプロデューサー協会編、一九八〇年、日本放送出版協会）。

同じなんですよ。全部準備ができると艦長が乗艦して、それですぐ出航できるようにする、それと同じだ、とかですね。

金水◉そういえば大森さんの『考証要集』（二〇一三年、文春文庫）に、右舷と左舷の話、偉い人は右舷から乗って、そうじゃない人は左からと。そんなこと、もういま誰もわからないですよね。[注19]

大森◉そうですよね。『坂の上の雲』（NHKスペシャルドラマ、司馬遼太郎原作、野沢尚他脚本、第一部二〇〇九・第二部二〇一〇・第三部二〇一一年放送）はそれを生かしてやりました。

注19▼ちなみに「右舷・左舷」を海軍では「みぎげん・ひだりげん」と読む。現代の海上自衛隊も同じ。

■仁義なき台詞

大森◉ところでPart.1の金水さんの話で「あっしは」という、あのヤクザのね。これは聞いた話なんですけど、「あっし」というのは、千葉のヤクザは「わっち」と言うんですって？

金水◉ええ、「わっち」の方が古いかもしれません。

大森◉「あっしは」というのを「わっちゃー」と言う。映画『昭和残侠伝』（東映、後藤浩滋・吉田達監督他、シリーズ物、一九六五〜七二年公開）か何かで中村錦之助[注20]が出て、千葉のヤクザになった時、ちゃんと「わっちゃー」と言っていて感心したってことがあります。

金水◉もちろん昔の人はそういう細かいこともわかっていたんですけれども、時代が下ると、「あっし」一色になって、だからむしろそうでないとそれらしく聞こえない、というふうになっていくんですね。

児玉◉錦之助の話は、笠原和夫が『昭和の劇』（二〇〇二年、太田出版）で話してました。錦

注20▼中村錦之助が出演しているのは、同じく高倉健主演のシリーズ『日本侠客伝』第一作（東映、マキノ雅弘監督、一九六四年公開）。

之助はヤクザ映画が嫌いなんですよね。だけど高倉健が主演だから出てあげると言って、嫌いだ嫌いだって言うんだけど、出てきたらちゃんと調べてきたというんで笠原は非常に感心しているんですね。

大森◉ヤクザの仁義の切り方（挨拶）というのは、実は「リンガ・フランカ（共通語）」みたいなものだったんじゃないかと。あれをやっていれば、日本中どこの親分のところにわらじを脱いでも大丈夫な表現があったんじゃないかなあっていうのがあるんですね。

金水◉そうですね。香具師《やし》[注21]の口上とか、そうですよね。

大森◉長谷川伸[注22]の『ある市井の徒』（一九五一年、朝日新聞社）に、土工の仁義の切り方というのが詳細に出ていて、これをどうもいまのやくざ映画は参考にしてる節があって、もちろん細部では違っていたんだろうなって気もしますけどね。

児玉◉『沓掛時次郎』（一九二八年、『騒人』七月号）の序幕がそうですよね。あれがたぶん、知らない者同士の、少なくとも長谷川伸が定めた仁義の切り方ですよね。

田中◉Part.1の金水さんのお話、画像もいっぱい入っていたので、ことばと、それからその人相風体といったところが一緒に分かって面白かったんですけれども、今言っているような典型的なフォーマットみたいなものが仕上がってきているのが大体一九六〇年代から七〇年代の終わりくらいなのではないかな、と思います。つまり、大衆的な映像エンターテイメントが一定の成熟期を迎えたのと、ステレオタイプ的な表象フォーマットができあがったのが、そのあたりなのではないかと……。そう思いながら、金水さんの画像を見ていたんですけど、どうなんでしょう？　おや、児玉さん、違うっていう感じですね。

注21▼祭りや縁日など人出の多いところで、出店したり見世物の芸を披露して商売する人。てきや。

注22▼本書一六頁注6参照。

児玉◉もうちょっと遡っていいんじゃないでしょうかね。つまりフィクションとしてのヤクザの仁義だったら一九三〇年代にもう定まっているし、やっぱり影響力が大きいのは長谷川伸じゃないかと思いますね。六代目尾上菊五郎と長谷川伸が絶対の信頼関係で『一本刀土俵入』（一九三一年初演、東京劇場）ほかを作り上げて、あの中で「俺あ不作法だ、仁義は受けねえよ」というのは、ある程度のヤクザのフォーマットが固まっている証拠じゃないかな。東映のヤクザ映画というのは、言ってみればそのアレンジに独自の工夫を加えたものと言いますかねえ。

■階層によって変わることば

金水◉やはりむしろね、七〇年代というのは衰退期と言いますか、成熟したものがより大衆化していき、そして第二世代に受け継がれることで単純化していく。そういう時期に入ってくるんじゃないかな。だから忍者だったら「拙者～でござる。」みたいじゃないと駄目だという感覚になっていくのは七〇年代以降……。

吉川◉テレビの普及と関係があるんじゃないですか。

田中◉ああ、そうですね。本当にそう思います。

金水◉テレビの普及とビデオ。ビデオデッキの普及ですね。

吉川◉お金を払って映画館に行ったり、舞台を見に行ったりしない人たちにもそういう表現がどんどん流れ出していくなかで、根拠についてあまり深く踏み込まない人たちにも、表現が広く浅く共有されていったということが関係ありそうな気がしますね。

大森◉市川雷蔵の『忍びの者』（大映、山本薩夫監督、一九六二年公開）がやはりキャラクターの属する階層別に時代劇っぽく話している。下忍はみんな割と今と変わらない普段のことばみたいだけど、中忍は時代劇ことば。首領で上忍の百地三太夫役の伊藤雄之助なんかは滅茶苦茶おどろおどろしくてもったいをつけていて面白くて、その辺も実はその忍者世界内の階層別に書き分けてるっていう意図はあるんでしょうね。

金水◉そうですね。だからやはり大名プラス、あるいは大名と直接話している人たちは、要するに大名というのは全国から集まって会議をしないといけないんですから、現代みたいな共通語ではないけど、やはり一定の共通のことばというのはあったはずで、そういうものはたぶん今聞いてもわかりやすいものだったと思いますけど、やはりだんだん下にいくに従って、こう一番上と一番下がしゃべることは絶対にないので、だから隣り合った階層で話し合うから、Aの階層の人とBの階層の人は話すけど、Bの階層の人はAにも話し、Cにも話すと。だんだんその方言に近づいていくという。そういう構造がたぶんあったはずなんだけど、Cから下はもういままったく資料はほとんどない。

大森◉岩波文庫に入っている『雑兵物語』▼注(23) なんかどうでしょう？

金水◉そうですね。ただ今残っている写本は結構新しい時代のものなので……一応あの時代の雑兵という、下っ端の兵隊たちのことばづかいは、ほぼあれしかないと言ってよいくらいだと。なかなか難しいところですよね。

■狂言ことばは武士の共通語だったのか

大森◉共通語の問題というと、他国の武士間のコミュニケーションで狂言ことばを使っていた

注23▼江戸前期の書。二巻。作者未詳。天和三（一六八三）年以前の成立。弘化三（一八四六）年刊。雑兵の話に託し、戦場・武備・武具などの重要事項を当時流行の奴ことば・六方ことばの口調が記されたもの。江戸初期東国の数少ない貴重な言語資料とされる。一方、特定の地域方言の忠実な反映というよりも六方ことば・奴ことばを意図的に模したものという見方もある。

金水敏氏（写真提供　日本大学）

というのは本当なんですか？

金水◉あれはね、狂言そのものを使っていたというのはたぶん伝説です。戦国時代がそうだったというのと、明治時代もそうだったというのとね、ま、いろいろ伝説があって、それについて詳しく調べた方もいらっしゃいますけれども、それは確かに基本的には入っていた。武士はやはり能や狂言に親しんでいた人が多かったというのは確かですけれども。ま、話半分くらいに聞いておいた方がよい。

児玉◉ある程度、謡曲は共通言語として通用はするわけですよね。

金水◉そうですね。ただ、謡曲も知っているし、浄瑠璃も日本全国でやっていますから、耳で聞いてわかるんだけどそれを使えるかというと絶対そうじゃないんだよね。我々は江戸落語も聞く、上方落語も聞く。聞いて笑えるけれども、じゃあ上方落語やってみろと言われたらそれはできないんで。だから聞いて理解できるということと、実際話して使えるということはだいぶ違うということだと思います。

大森◉でも武士が狂言ことばで話すとキビキビしてかっこいいけど、浄瑠璃ことばで話したらちょっとグニャグニャ崩れすぎで変でしょうな。

金水◉浄瑠璃は町人のことばで、狂言は武士のことばだってよく言われますよ。

田中◉なんだか、だんだん明治期のどのように標準語を定めるかという流れの中で書かれた三宅米吉▼注(24)の「くにぐにのなまりことばにつきて」みたいな話になってきました。

注24▼三宅米吉（一八六〇〜一九二九年、歴史学者・教育家、紀伊国（和歌山県）生まれ）が全国に通用する言語変種のありかたについて記したもの。その中において、方言調査の必要性と方法を説く。「かなのしるべ」二・三（明治一七（一八八四）年八・九月）掲載。

大森◉聖書にも訛りの話が出てきますでしょ。キリストの処刑に際して使徒のペテロが捕まりそうになる時「お前はガリラヤ訛りで話しているからイエスの弟子だろう」と言われている。「汝の国訛り汝をあらわせり」（マタイ伝）とかなんとか。

■家族間でも異なることば

児玉◉謡曲もある時期まではたぶん上方訛りになってるはずで、秀吉時代を想定したテンポの能を復元実験したことがあるんですけれども、そのときに、アクセント史の専門家が入って復元されたら、ワキ方のしゃべりというのは関西弁でしたからね。それがまあ徐々に幕末に至るまでの間にじわじわと変わっていったんでしょうか、謡いは習い事になるので、日常を離れて均質化していく傾向はあるかもしれないですね。

　下級階層のことばとしては、例えば歌舞伎の中の世話物とかが、どれくらいしっかり継続しているかというのは、あまり言語学的に検討されないし、それほど厳密な正確さも求めにくいかもしれません。

　それよりも奴《やっこ》ことば▼注(25)ですね、六方ことば的な、そういうのは伝承があります。それから、いわゆる独特な語彙ですよね。「べい」ですとか、「ねい」という……。

金水◉あれ、面白いですよ。『忠臣蔵』で同じ家族のはずなのに、あの父は田舎ことばで、兄貴が奴ことば。

児玉◉兄貴の平右衛門は奴で、妹のおかるが遊女で、妹の旦那の勘平は武士ですね。

大森◉どんな一家なんだよ？（笑）

注25▼江戸時代初期に社会の一部で、腰に太刀を帯び、変わった身なりで江戸市中を俳諧した六方ものとも呼ばれた男伊達の旗本・町奴が使い始めた独特なことば。六方ことばとも。「つっ立つ」「つんのめる」「ぶん殴る」などの促音・撥音を伴う接頭辞、「ひやっこい」などの「〜こい」の付いた形容詞、「〜べい」、「いかい」「あに（何）」「こんだ（今度）」など当時の関東方言を類型化したものと、「ゆいもうす（言い申す）」などやや古めかしい固い言い回しが混在。

児玉◉お父さんは百姓与市兵衛で。そうですね。家族同士では、どういうことばでしゃべっていたんでしょうね。

金水◉それを言ったら映画『東京物語』(松竹、小津安二郎監督、一九五三年公開)で、大阪に住んでる人たちがみんな大阪弁で。

児玉◉大坂志郎は大阪弁で喋ってますね。

金水◉あれも変な家族だなって思うんですけどね。父親は尾道弁で。

■古典文献の台詞をどう活かすか

大森◉いまことばの再現の話がありましたが、二〇〇五年にロンドンでシェークスピアの『トロイラスとクレシダ』を実験的に当時のままの初期近代英語で上演したと。そうしたらお客さんは台詞の三割しか分からなかったと。だから所詮当時のことばで時代劇の台詞を考えても駄目だっていう、そんなところなんですかね。

金水◉結局、いまの文楽は全部字幕付いていますしね。翻訳字幕ではないんですけれども、それがないと筋を追っていけないというのもありますよね。たぶん夏目漱石でも注釈がないと、もういまの大学生は読めない。

田中◉そういえば児玉さん、あの歌舞伎の正本写《しょうほんうつし》ってどのくらい舞台における台詞に忠実なんですか?

児玉◉さあて、その……大変難しいところですね。つまりあの時代に、台本のほうが一応、原本を写しているという点で信用はできる。だけど台本がなくて正本写しかないという時には、正本写があるというのは値打ちものです。

田中◉正本写で書かれているものは、大体上演はそれでされたということなんでしょうか？

児玉◉台本を一般に公開するという習慣がないですから、公開用に編集したというところがあるにもせよ、上演と無関係には作らないでしょうね。

田中◉なんかすごく、近世の末くらいからが、私たちが見ている言語的なステレオタイプの根源みたいなところの感じはするんだけれども、それをたどる、なんというか適切な資料というのか、たどってその確証を持ってこれだということができる確実な資料というのがなくて、なんとなくこう、もわっと……。

児玉◉歌舞伎の書き抜き▼注(26)というのがあるんですけれども、あまり語学方面から書き抜きは注目されたことがないような気がしますね。

金水◉そうですね、はい。あまり使わないですね。

田中◉じゃあ、今後の課題（笑）。たぶんそれは先ほどから話芸のこと、落語もやはりその辺はリソースになってると思いますし、当然その後の演劇、映画、ドラマとかいったようなところの言語造形みたいなところにも関わってきているかなと思うんですよね。

児玉◉ただ落語や講談は、なんて言いますかね、「点取り」というような言い方をしますけれども、つまりその要点を書いて、それで実際に高座にかけるときには、プラスアルファできるわけなんですよね。だから速記本と点取りとを比べると、中身が違うというようなことがあったりします。歌舞伎の書き抜きは一応台詞としてしゃべる、そのままをある程度書いているので、池田文庫や関西大学図書館とかにある、上方歌舞伎のものなんかは国語学の資料としても

注26▼脚本から、役者ごとに担当する配役の台詞のみ書き抜いたもの。

有益であるという気はしますけどね。

田中◉じゃあ、これから勉強します！　これも「今後の課題」（笑）。

●フロアとのやりとり

シンポジウムの当日は、制作現場からゲストをお招きした「Part. 3 公開インタビュー」のあとに、会場にいらした方々からの質問を受け付けた。時間の関係上、お一人お一つずつというかたちで質問を求めた。以下、質問とそれを受けての登壇者からの回答とやりとりを整理し、紹介する。質問1は、横濱雄二氏（甲南女子大学・准教授）、質問2は佐伯順子氏（同志社大学・教授）、質問3は大澤穂高氏（早稲田大学文学部・学部生）からのものである。【田中ゆかり記】

質問1：一九七〇年代以降の作品が、多く取り上げられていました。それは一九七〇年代が当時の国有鉄道のディスカバー・ジャパン・キャンペーンなどに代表されるような地方に対するものの見方が変化しつつある時代であったことと関係あると登壇者らは考えているのでしょうか。研究者・制作者双方の考えをお聞きしたいと思います。

田中◉全くその通りです。一九七〇年代というのは、それまでの高度経済成長を支えた東京一極集中といったものに対する「ゆらぎ」の生じた時代でした。経済成長がスローダウンすることによって、東京一極集中的な考え方や、システムに対する見直しが始まります。質問の中で示されたディスカバー・ジャパン・キャンペーンなどは、典型例といえるでしょう。七〇年代は、そのような観点からも、一九八〇年代の「地方の時代」「個性の時代」への移行期と位置づけられると思います。台詞との関係でいえば、方言と共通語の関係においても、七〇年代がその後の時代への移行期となっています。七〇年代までは、共通語に価値を見出す方言スティグマの時代でしたが、八〇年代に入るとテレビネイティヴが青年期を迎え、共通語がほぼ誰でも使える凡庸なことばになり、一方で誰にでも使えるわけではない方言に価値が見出されるようになってきます。「地方の時代」「個性の時代」という時代の雰囲気とも「方言」はよくマッチしたわけで、これがドラマのことばに対する制作者・視聴者双方の考え方を変えた一因と考えます。

児玉◉「価値の転倒」というのは、非常にこれは幾重にも混乱していて難しい話です。例えば、地方の民俗芸能とか民俗学などに目を配るなどといっても、調査で語られることが、じつはテレビで放送された内容の反復であったりすることもままあるわけです。調査にうかがったうちで語る方の背後には、NHKの『新日本紀行』（一九六三～八二年放送）のビデオが並んでいるというようなイメージでしょうか。「方言」、とくに関西弁、上方ことばについては、このようなエピソードがあります。上方落語の桂米朝が初めて独演会を東京で行ったのは昭和四〇年代のはじめ頃ですが「上方落語」という看板を出したら、「土方《どかた》落語って何ですか」と言われたそうです。まだ、その程度の認識です。さらには、昭和三〇年代ぐらいに九州へ上方落語の巡業で行くと、客席から「お前はなんや賑やかにやっておもろいかもしらんけど、こっちは何もわからん」と言われたと米朝は言ってます。そのぐらいにやはりまだ方言はわかっていない。徳川夢声▼注(27)は、一般にラジオができて東西のことばがわかるようになった、と言ってますけれども、一九七〇年代までは、まだお互い分からないものがずいぶんあったんじゃないでしょうか。そういったことが変わってきたのは、やはりね、一九六〇年代中頃以降にテレビが全国に普及することによって、各地のことばが流通していったということが本当なんじゃないか、と思います。

吉川◉ちょっと違う視点のところから話しますね。テレビドラマが始まった最初の頃は、ほとんどロケができなかったんです。カメラが大すぎて。東京のスタジオとか大阪のスタジオとか大きな局のスタジオを使って、放送博物館で今も見られる馬鹿でかいテレビカメラを太いケーブルでつないで、マルチカメラ収録をしていたんです。一九六〇年代から七〇年代にかけて、技術の進歩で次第に機材がコンパクトになって、中継車にビデオデッキを積んでロケ地に行き、中継車で収録ができるようになります。その頃から、各地域局を拠点としつつ、大きな局が手伝って、例えば「銀河テレビ小説」（一九七二〜八九年放送）の地域発のシリーズみたいなものが企画されるようになっていきます。そうなるとNHKは全国の都道府県に放送局がありますから、必然的にその地域の題材を使って、ドラマを作っていこうという空気が生まれます。自分たちの地域のドラマを見たい、という全国の視聴者の希望に応えるという意識もありました。また、大河ドラマや朝の連続テレビ小説で、題材になる地域が決まると、地元を全国に発

注27▼放送芸能家。一八九四〜一九七一年。島根県生まれ。落語家を志すが、父に反対され、映画説明者（弁士）になった。映画トーキー化に伴い、著述、俳優、漫談等で活躍。テレビ司会者としても知られる。

信できるということで、ご当地のみなさんが大変に盛り上がります。それは今でも続いていますね。地域とドラマの関係性、大雑把ですが、NHKではそんな風に歴史を重ねてきています。

田中◉今の吉川さんのテレビカメラのテクノロジーの進展が、ドラマのありかたを変えたというお話、そうかなるほど、と腑に落ちたことがあります。方言指導を試験的に取り入れた番組には、朝ドラもあるんですが、「銀河テレビ小説」に目立つんですね。「銀河テレビ小説」シリーズに方言指導導入作品が目立つのは、それはそういう風な背景があったんですね！「銀河テレビ小説」シリーズは先鋭的なことを試みるシリーズなのか、と思っていたのですが、そんな背景があったとは。

吉川◉中継車をキャラバンして、四国四県を移動し、「銀河テレビ小説」の一週間を四つに割って、二〇分ドラマを一本ずつ作るみたいなことをしていましたね。

大森◉テレビの影響で方言が広く認識されるようになる契機としては、全国各地を回る『ふるさとの歌まつり』（一九六六～七四年放送）のような番組の影響も、かなり大きかったんじゃないですか？「おばんです」とか、アナウンサーがたどたどしいご当地のことばで挨拶して、笑いを取るというような。映画なんかだともうちょっと早かったんじゃないですかね。エンタツアチャコ▼注(28)とかはもう戦前から……。映画で言えば織田作之助▼注(29)原作の『夫婦善哉』（東宝、豊田四郎監督、一九五五年公開）なんかも、関西弁、上方ことばを広めたのでは？

金水◉確かにそうですが、エンタツアチャコのことばは、関西弁としてはかなり東京に寄せてるんで。

児玉◉大阪漫才の代名詞のような二人が、互いを呼びあうのは「君」と「僕」ですもんね。

注28▼横山エンタツ（一八九六～一九七一年）と花菱アチャコ（一八九七～一九七四年）による漫才コンビ。

注29▼小説家。一九一三～一九四七年。大阪市生まれ。登場人物の関西弁会話が特徴的な短編小説『夫婦善哉』（一九四〇年）で新進作家の地位を確立。無頼派・新戯作派などと称される。織田作之助、武田麟太郎、藤沢桓夫らの昭和初期のプロレタリア文学・風俗文学・大衆小説あたりから、現代につながる「関西弁」の方言ステレオタイプが現れてきたとされる。

金水◉ええ。「君と僕」。

大森◉あと、一九六六年度放送の朝ドラ『おはなはん』でかなりベーシックだけど方言を使っていたような記憶があるから、やや早いような気もするんだけど、やはり東京オリンピックが何かキーワードになるような気もするんだよね。

金水◉一九六四年の東京オリンピックから一九七〇年の大阪万博というのは、いろいろな意味で大きな変革期に相当しますよね。先ほどの『新日本紀行』の話とのつながりでいえば、大阪万博では、お祭り広場っていうのがあって全国のお祭りをあそこでやったんですよ。そういうのもあるし、一九七〇年代だと、東北出身で『吉里吉里人』（一九八一年）や一九八五年にNHK土曜ドラマとして放送された『国語元年』で知られる井上ひさしさんが、朝日新聞でしょうか、大阪弁方言マンガの嚆矢である『じゃりン子チエ』（はるき悦巳『漫画アクション』一九七八～九七年連載）を新聞書評でとりあげ、非常に大きなインパクトがありました。

田中◉地方を回る「ふるさとの歌まつり」的な番組において、アナウンサーがご当地方言を取り上げて、話題作りをするというような行為自体が、当時は視聴者からの非難にもさらされました。ドラマの方言がいいかげんだ、という視聴者からの指摘と併せて、一九七〇年代の中頃になると、NHKは方言を放送ではどのように使うのか、ということを視聴者や研究者らを交えて真剣に議論し、方言ドラマには「ことば指導」が入り、一定の学問的水準を維持するように心掛けるとか、むやみにヨソモノであるアナウンサーがご当地の方言を使わないように気配りをするとかいったことを内規的に整えていったわけです。これは、NHK放送文化研究所の機関誌などに書かれている放送と方言に関連した記事等をたどれば、はっきりと書いてあります。▼注(30) ですから、一九七〇年代というのは、やはりテレビドラマのことばが変わってくる潮目にあたる年代だということができると思います。

質問2：アニメなどにおける「昔話のおじいさん」の多くが「〜じゃ」と話すのは、現実の山口の方言に似ているような気がします。「自分は〜であります」式の「軍隊ことば」には長州弁の影響が大きいとされているのと同様、「昔話のおじいさん」のことばにも近代日本において政治的権力を獲得した地域の方言である長州弁などが反映されていると考えることは可能なのでしょうか。そうだとしたら、日本人の歴史認識の形成に関わってきたと考えられる大河ドラマのことばにも、そうした政治的要素の影響があるということもいえるのでしょうか。

金水◉「昔話」のことばは、要するに疑似方言でもありますけど、ある種「老人語」であるわけです。わたしは、「老人語」のルーツは江戸時代の上方語であると考えているので、昔話の語りには、「老人語」が一番似合うのだと思います。それから、別の話題の折に「ニセ方言」の話が出てきましたが、さまざまな創作物において「方言っぽさ」を出すときには、東北方言あるいは北関東風の話し方や、西日本方言だと広島、山口、岡山辺りの中国地方のことばなどを適当に混ぜ合わすというのが、わりとよく行われることです。そのようなこともあり、「〜じゃ」というのは、いかにも方言っぽいという印象を与えやすいので、それが「昔話」のことばとしても、よく使われているのではないのかな、と考えています。昔話のことばが政治的威

注30▼田中ゆかり（二〇一一年、一七七〜一九九頁）参照。

信の高い薩長方言の影響ではないか、という質問に対しての答えとしては、僕は違うと思っています。

田中◉右に同じです。

質問3：大河ドラマが好きで、さまざまな作品を視聴しています。その中で気になったことがあります。どうも、登場人物とその登場人物に与えられる台詞は、作品によって異なるようですが、それはなぜでしょうか。例えば、二〇一八年放送の『西郷どん』では、島津久光も篤姫も薩摩のことばを話していますが、二〇〇八年放送の『篤姫』では、久光も篤姫も薩摩ことばを話していません。一九九八年放送の『徳川慶喜』では、どの登場人物にも、ほとんど方言が使われていなかったように記憶しています。同じ登場人物の台詞でも、共通語のときもあるし、方言のときもあるようです。これはなぜなのか、とくに制作にあたっているNHKの方に、そのわけをお聞きしたいと思います。

吉川◉一番大きいのは作家性ですね、その物語をどういう語り口で語り、何をどういうレベルで伝えたいかということで変わってきます。Part.2で二〇一六年放送の『真田丸』の寧《ねい》を、最初は尾張弁にしないつもりだったという話をしましたが、それを方言に変えたのには、作劇的な意味が存在するわけです。だから作品によっては、寧が全部標準語でしゃべってもいいわけです。ハリウッド映画の『クレオパトラ』（二〇世紀フォックス、ジョーゼフ・L・マンキーウィッツ監督・脚本、一九六三年公開）のクレオパトラはエジプト語でしゃべりません。全部英語でしゃべる。でもそれは本当はおかしいわけだし、表現として相当大胆なことになっちゃってるはずなんだけども、エリザベス・テイラーがクレオパトラを演じている限りは、むしろそれが自然に見えます。無理に知らないことばをしゃべらせれば、そのことばが演技表現にも影響するかもしれないし、英語圏の観客は、外国語の映画を受け容れられない人も多くて、作品がそういう人達には届かないかもしれない。何をどのように描き、それを誰に向かって発信するのか、何を届けたいのかによって方言や言語の選び方は変わってきますね。今回はあえて薩摩という地域を強く意識させたいというのが見て取れると思いますし、それが二〇一八年放送の『西郷どん』という大河ドラマの方針を象徴していると捉えていただくのがいいと思います。一九九八年放送の『徳川慶喜』で、いっさい方言を使わなかったかどうかはよく覚えていませんけれども、脚本の田向正健さんと制作・演出チームがディスカッションして決めたのでしょう。もうひとつ、キャスティングも関係してきます。この人の顔でどういうことば遣いで、どう見えるようにこの人物を描きたいか。その選択がキャラクターそのものになっていきますから、本木雅弘さんの慶喜をはじめ、このドラマのキャラクターをどう見せたいか、という議論が必ずあったはずで、方言の方針にも影響を与えたと思います。そういう議論は、大河ドラマの場合、放送が始まる二年、三年くらい前から始まるもので、その吟味の結果としてみなさんに届いている形があると考えていただくのがいいと思います。

大森◉ちょっと補足しますと正にその通りで、ドラマに描かれる世界はもう番組が違うと、作品が違うと、その都度全部がらっと変わります。よくNHKは全体的な歴史的設定基準があるんじゃないかというふうに思ってる方が多いんですが、そういうことはいっさいありません。

吉川◉一九九七年放送の『毛利元就』という大河を担当しましたが、あれは広島弁を使っていません。それは一つ、明解な意図があって、広島だけの話と思ってほしくなかったんです。ドラマで起きた出来事を、全国の視聴者がみな自分のことに置き換えられる話として見てもらいたかった。脚本の内館牧子さんが家族のことを描きたいとおっしゃったのもありますし、方言を強くすることによって、違う地域の視聴者が、自分たちとは関わりのない話と受け止めてしまうことを避けたかったんです。嫁と姑の話とか、子ども時代の元就と継母の話を描いた時に、それが全国の視聴者の共感にストレートにつながってほしいと。だから題材は典型的なご当地大河だったにも関わらず、あえて広島弁にはしなかったんです。

大森◉あの、さっきも話しましたけど、方言にこだわり過ぎると、それに対する地元視聴者の反発というのもあって、ドラマの台詞が言わば「コスプレ化」しちゃったらいけないというのはあるので、私なんかは、個人的にはあまり方言は時代劇の台詞に入れるべきではないんじゃないか、所詮それはやっても無駄なことだからとまで、個人的には思っております。

田中◉薩摩弁を前面に出した『西郷どん』でも、薩摩関係者でありながら島津斉彬は共通語キャラになってますよね。あれは江戸での生活が長いからという設定ですか？

大森◉大名の若様は江戸定府《じょうふ》（江戸に常在している）、ずっと江戸育ちですからそうなるだろうと。薩摩藩邸の人だって代々江戸に住んでる人達はかなり江戸弁になっていたというのもありますからね。

田中◉『西郷どん』の第一回終盤のところで、斉彬の弟に向かって、弟の実母があんた薩摩弁とか喋ってると薩摩の田舎者だと思われるから、やめなさいみたいな台詞があったので、斉彬が共通語キャラなのは新しい時代の象徴的な意味なのかなあ……と。

吉川◉それはありますよね。『西郷どん』において斉彬という人物をどういう位置づけに置き、何の象徴にするかということが反映されていると思います。

大森◉そういう意味では、西郷さんはもう徹底して薩摩弁キャラですけれども、大久保利通は身分も育ちもほぼ同じはずなのに、これまでは徹底して標準語キャラなことが多いんですよね。

田中◉そうなんですよね。二〇一八年放送の『西郷どん』では、これまでの西郷・薩摩弁vs大久保・共通語という対立とはちょっと違う展開になりそうですが、この二人は、銅像とか見ても全然表象のされ方が違いますよね。上野の西郷さんの銅像は、愛犬のツンを連れた着流し姿なのに対して、鹿児島の大久保利通の銅像は、カイゼル髭伸ばして、フロックコートはためかせた洋装姿で。[注31]こういった表象ひとつとっても、近代に乗り切れなかった人と中央集権的な近代を作った人の対比になっているような気もします。もちろんこれは事後的な解釈で、まさにステレオタイプなんだけれども、それがやっぱりドラマには反映されているっていうふうに考えるといいのかな、なんて思いました。

大森◉だからドラマの台詞ってかなり衣装とかに近いのかなって。一律でやっちゃったから変なことになっちゃう。

一言、「質問2」で出てきた「〜あります」について補足していいですか。「〜あります」が長州弁から来た陸軍のことば遣いじゃないかというご質問があったけれども、これはやはりそういうことなんですね。しかし、海軍では原則使っちゃいけない。うちの父が「学徒出陣」(一九四三年)で海軍に行ったんですが、昭和の世代になると各学校で軍事教練が始まっていて、

注31▼田中ゆかり(二〇一一年、一三六〜一四一頁)参照。

そうすると軍事教練は陸式でやりますんで、その人が海軍に入るとその習慣があるので、「自分は○○であります」とつい言っちゃう。それだけで「陸軍のことばは使うな！」とぶん殴られたりしたと聞きました。

一方どうして薩摩海軍の影響が強いはずの日本海軍に薩摩のことばがそれほど入っていないかというと、実は日本海軍は薩摩以上に徳川幕府海軍の系統を引いているんですね。だから妙に徳川時代の言葉が残っているんです。戦国時代の足軽が、鉄砲の弾を入れて腰につけるポーチのことを「胴乱《どうらん》」と言ったんですけれども、これ江戸時代になると男物の小物入れの名称としてずっと残りました。ところが明治になって新たに「日本陸軍」ができると、陸軍は腰の弾入れのことを漢語調に厳《いか》めしく「弾薬盒《だんやくごう》」と呼びました。ところが海軍ではなぜかそう言わず、戦国以来、徳川時代以来の「胴乱」と言って、昭和の終戦まで使った。で、この言葉が戦後滅んだと思ったらなんと、実はかなり後まで陸上自衛隊で使われていた。ただ、弾薬入れではなくて、ショルダーバッグ状の雑物入れのことを言いました。面白いことに現場にはこの字が伝わらなくて、隊員たちはひらがなで「どうらん」と使っていたそうです。これ、自衛隊歴三〇年のベテランと話していて先日知ったのですが、戦国時代からのことばが、江戸時代と近代海軍を経て陸上自衛隊にまでそうやって生き残っていたというのは面白いですね。その方は「胴が乱れると書くなんて思ってもみなかった」と言っていました。

話を戻しますと、陸軍で「○○であります」と言うところを、海軍では「○○です」と言うのが基本になります。でも陸軍の古参兵になると、上官の前で「そうですよ」等と、わざと民間風のことばを使って貫録を見せる人がいた、という話も聞いています。

田中◉なるほど。単語ひとつにも「大河ドラマ」があるという話が出たところで、このシンポジウムを締めくくるのが「おあとがよさそう」ですが、みなさん、いかがでしょうか。最後にこれだけは言っておかねばといったようなことはありませんか？　よさそうですね。では、長時間どうもありがとうございました。それでは、最後になりましたが、ご来場のみなさま、それから支えてくださった早稲田大学演劇博物館や日本大学のスタッフのみなさまに、改めてお礼申し上げます。本日はどうもありがとうございました。

参考文献・サイト

秋月高太郎（二〇一四）「忍者の言語学」『尚絅学院大学紀要』68　尚絅学院大学

埋忠美沙（二〇一六）「解題」「梗概」「翻刻」『正本写合巻集19　西南雲晴朝東風（おきげのくもはらうあさごち）』国立劇場調査部

NHKドラマ番組部監修（二〇一五）『朝ドラの55年　全93作品完全保存版』NHK出版

NHK出版編（二〇一一）『NHK大河ドラマ大全　50作品徹底ガイド』NHK出版

大森洋平（二〇一三）『考証要集』文春文庫

岡本綺堂（二〇〇三）『江戸のことば』河出文庫

笠原和夫・荒井晴彦・絓秀実（二〇〇二）『昭和の劇―映画脚本家・笠原和夫』太田出版

ダニエル＝キイス（一九七八）『アルジャーノンに花束を』早川書房

靳越（二〇一五）『翻訳作品における役割語としてのジェンダー表現―時代物に登場する女性キャラクターの言葉遣いを中心に―』大阪大学大学院文学研究科修士論文

金水敏（二〇〇三）『ヴァーチャル日本語　役割語の謎』岩波書店

金水敏編（二〇一四）『〈役割語〉小辞典』研究社

金水敏・田中ゆかり・岡室美奈子編（二〇一四）『ドラマと方言の新しい関係』笠間書院

金水敏（二〇一五）「役割語にも文法化は存在するか」国立国語研究所　国際シンポジウム「文法化―日本語研究と類型論的研究」国立国語研究所

金水敏（二〇一七）「文楽とキャラクター」第一四八回＝文楽公演　平成二九年一一月　国立文楽劇場（公演パンフレット）独立行政法人日本芸術文化振興会

コリャード（一九八六）『懺悔録』岩波文庫

近藤ゆたか編（一九九七）『蔵出し絶品TV時代劇』フィルムアート社

今野真二（二〇一五）『戦国の日本語―五百年前の読む・書く・話す』河出書房新社
佐藤志帆子（二〇一四）『近世武家社会における待遇表現体系の研究―桑名藩下級武士による『桑名日記』を例として』和泉書院
佐藤武義・前田富祺編集代表（二〇一四）『日本語大事典　上・下』朝倉書店
鈴木嘉一（二〇一一）『大河ドラマの50年』中央公論新社
田中ゆかり（二〇一一）『「方言コスプレ」の時代』岩波書店
田中ゆかり（二〇一六）『方言萌え⁉』岩波ジュニア新書
津上忠（一九七〇）『津上忠歴史劇集』未来社
中野晴行（二〇〇九）『杉浦茂の摩訶不思議世界　へんなの』晶文社
中野三敏校注（一九九一）『難波鉦』岩波文庫
中村通夫・湯沢幸吉郎校訂（一九四三）『雑兵物語・おあむ物語』岩波文庫
中村桃子（二〇一三）『翻訳がつくる日本語』白澤社
西田隆政（二〇一〇）「「属性表現」をめぐって―ツンデレ表現と役割語の相違点を中心に―」『甲南女子大学研究紀要』第四六号
西田隆政（二〇一二）「「ボク少女」の言語表現―常用性のある「属性表現」と役割語との接点―」『甲南女子大学研究紀要』第四八号
西田隆政（二〇一八）「「属性表現」再考―「複合性」「非現実性」「知識の共有」から考える―」定延利之編『「キャラ」概念の広がりと深まりに向けて』三省堂
日本近代文学館編（一九七七〜一九七八）『日本近代文学大事典』1〜6　講談社
林美一（一九七七）『時代風俗考証事典』河出書房新社
原口泉（二〇一八）『西郷隆盛はどう語られてきたか』新潮文庫
ビル＝ブライソン（二〇〇八）『シェイクスピアについて僕らが知りえたすべてのこと』ＮＨＫ出版
放送批評懇談会編（二〇〇四）『GALAC　3月号増刊　ギャラクシー賞40年史』（『GALAC』417）放送批評懇談会
放送批評懇談会編（二〇一三）『ギャラクシー賞　第41回〜50回』（ギャラクシー賞　第41回〜50回）放送批

評懇談会
真山青果（一九八二）『元禄忠臣蔵』上下　岩波文庫（一九七五復刊『真山青果全集』第一巻　講談社）
三田村鳶魚（一九三九）『時代小説評判記』梧桐書院（一九九九、中公文庫）
三田村鳶魚（一九三三）『大衆文芸評判記』汎文社（一九九九、中公文庫）
三好行雄・竹盛天雄・吉田凞生・浅井清編（一九九四）『日本現代文学大事典　人名・事項編』明治書院
三好行雄・竹盛天雄・吉田凞生・浅井清編（一九九四）『現代日本文学大事典　作品編』明治書院
諸星美智直（二〇〇四）『近世武家言葉の研究』清文堂
八幡和郎監修（二〇〇八）『武士語でござる』KKベストセラーズ
山田雄哉「『当流奪口忍之巻註（とうりゅうだっこうしのびのまきちゅう）』を読む［解説と翻刻］」吉丸雄哉・
　山田雄司・尾西康充編著（二〇一四）『忍者文芸研究読本』笠間書院
ダニエル＝ロング・朝日祥之（一九九九）「翻訳と方言―映画の吹き替えに見られる日米の方言観」『日本語学』
　18（3）明治書院
『日本国語大辞典　第二版』（小学館、二〇〇〇～二〇〇二）

NHKオンデマンド（https://www.nhk-ondemand.jp/）
NHK番組公式サイト
テレビドラマデータベース（http://www.tvdrama-db.com/）
映連データベース（http://db.eiren.org/distributor1/list1.html）
日本映画データベース（http://www.jmdb.ne.jp/）
allcinema（http://www.allcinema.net/prog/index2.php）
JFDB日本映画データベース（http://jfdb.jp/）
「近代日本人の肖像」国立国会図書館（http://www.ndl.go.jp/portrait/contents/）
前進座の歩み（http://www.zenshinza.com/infomration/rekishi/history.html）

NHK 大河ドラマオープニングクレジットロールにみる「方言指導」とドラマ情報

付表は、ＮＨＫの大河ドラマを放送順に示したものです。作品番号、放送年、タイトル、時代設定、クレジットロール「方言指導」記載有無と指導対象言語変種と指導者名、クレジットロール確認回、脚本、原作、主人公、主な配役、ストーリーを示しています。作品情報については、『ＮＨＫ大河ドラマ大全 50作品徹底ガイド 完全保存版』（ＮＨＫ出版、2011年）やＮＨＫオンデマンド（https://www.nhk-ondemand.jp/）、ＮＨＫによる各番組公式サイトの記述を参照しています。クレジットロール「方言指導」については、田中によるクレジットロール調査に基づくものです（人物紹介を主とする第１回放送または総集編を中心に調査したものなので、他の回では別の「方言指導」が付くケースもあります。調査時未公開のものや、フィルムの存在しないものなど調査の及んでいない作品もあります）。また、ヴァーチャル方言の観点からエポックメイキングな作品については、ストーリー欄に【　】で示しました。（田中ゆかり）

脚本	原作	主人公	主な配役	ストーリー
北条誠	舟橋聖一	井伊直弼	尾上松緑	「映画に負けない日本一のドラマを作る」を合言葉に誕生した大型娯楽時代劇。井伊直弼の生き様を描いた「NHK大河ドラマ」の記念すべき第一作。
村上元三	大佛次郎	大石内蔵助	長谷川一夫	“おかると勘平”でお馴染みの世話物『仮名手本忠臣蔵』から、大石や浪士の心理的葛藤を中心に展開する「忠臣蔵」の決定版に。
茂木草介	吉川英治	豊臣秀吉	緒形拳	サルと呼ばれた秀吉が、蜂須賀小六に拾われるところから、天下人として62歳の生涯を閉じるまでの45年間を人情味あふれる英雄として描いた。
村上元三	村上元三	源義経	尾上菊之助	牛若丸と呼ばれた源義経が、兄義朝とともに平氏全盛の時代を耐え抜き、やがて平氏を滅ぼすも、追われて奥州で自害するまでの劇的な生涯を描く。
鈴木尚之	大佛次郎	永井家の三姉妹（むら るい 雪）	岡田茉莉子 藤村志保 栗原小巻	幕末旗本の美しい三姉妹むら、るい、雪と、純粋で反骨精神の旺盛な浪人・青江金五郎を軸に、激動の明治維新を生きる人々を描く群像劇。
水木洋子	司馬遼太郎	坂本龍馬	北大路欣也	一介の郷士でありながら薩長同盟を周旋し、大政奉還を実現させた男。幕末という激動の時代を鮮やかに駆け抜けた坂本龍馬の生涯を描いた。**【初の方言主人公大河】**
中井多喜夫・須藤出穂・杉山義法	海音寺潮五郎	上杉謙信	石坂浩二	戦国最強の闘将といわれる上杉謙信の誕生から青年期までの人間形成と、武田信玄との川中島の合戦を見どころに、戦国時代をダイナミックに描いた。
茂木草介	山本周五郎	原田甲斐	平幹二朗	徳川幕府の大藩取りつぶし政策による圧力。藩内に渦巻く陰謀。稀代の逆臣と言われながら仙台藩を守り抜いた原田甲斐の真実の姿。
杉山義法	山岡荘八	柳生宗矩	中村錦之助	徳川家康、秀忠、家光と三代の将軍に仕えた剣術家・柳生但馬守宗矩が、権力の中にありながら「一紙半銭も私せず」という信念に生きた人生を描く。
平岩弓枝	吉川英治	平清盛	仲代達矢	平清盛の生い立ちから平家一門が政権を獲得して栄華を極めた様、そして源頼朝、義経兄弟によって壇ノ浦の藻くずと消えゆくまでを描く。
大野靖子	司馬遼太郎	斎藤道三 織田信長	平幹二朗 高橋英樹	戦国の世、おのれの才覚だけで美濃一国を乗っ取った斎藤道三、そして信長、光秀、秀吉と、強烈な個性の人物が天下取りに挑む。
倉本聰・中沢昭二	子母澤寛	勝海舟	渡哲也 松方弘樹	幕末から明治へと向かう激動の時代に、幕臣ながら広い視野を持ち、西郷隆盛との会談で、江戸城無血開城へと導いた勝海舟の生涯を描く。
小野田勇・小幡欣治・土橋成	南條範夫	柳沢吉保	石坂浩二	五代将軍綱吉の側用人として権勢を振るった柳沢吉保と大石内蔵助との対決を、放送当時の世相に反映させた新説忠臣蔵。
福田善之	海音寺潮五郎	平将門	加藤剛	誠実で正義感の強い平将門、豪放な藤原純友。律令制度の崩壊という歴史の転換点の中で出会った二人の武将の夢とロマンを描く。
大野靖子	司馬遼太郎	大村益次郎	中村梅之助	昔から、人知れず野山に花を咲かせる神を「花神」と呼ぶ。それは明治維新という時代に、栄光を待たずに消えたヒーローに似ている。
市川森一・長坂秀佳	城山三郎	呂宋助左衛門	市川染五郎	武将に頭を下げさせる商人の街・堺とルソンを舞台に繰り広げられる呂宋助左衛門と信長、秀吉など権力者との攻防を描く。
中島丈博	永井路子	源頼朝 北条政子	石坂浩二 岩下志麻	初めて武家政権を樹立した、源頼朝とその一族のたどった軌跡を描く。さらに、歴史上の人物たちの生き様を、新たな視点から問い直す意欲作。**【現代語台詞の大河】**
山田太一	——	平沼銑次 苅谷嘉顕	菅原文太 加藤剛	架空の主人公、会津藩士、平沼銑次と薩摩藩士、苅谷嘉顕の生き方を通し、明治初期の日本の明と暗を、美化せずに浮かび上がらせた作品。
橋田壽賀子（作）	——	ねね	佐久間良子	歴史の影に隠れていた秀吉の妻“ねね”を主人公に、徹底したホームドラマ調で嫁姑、親子、夫婦関係に光をあてる。
冨川元文	堺屋太一	大石内蔵助	緒形拳	忠臣蔵を仇討ちとしてだけでなく、経済や文化的な視点も加味して描く。四十七士を取り巻く武士や町人の生き様から、その時代をも見つめた。

作品番号	放送年	タイトル	時代設定	「方言指導」記載	クレジットロール確認回
①	1963	花の生涯	幕末	無	第1回
②	1964	赤穂浪士	江戸期	無	第47回
③	1965	太閤記	戦国	無	第42回
④	1966	源義経	源平	無	総集編（1）
⑤	1967	三姉妹	幕末	データなし	総集編（1）
⑥	1968	竜馬がゆく	幕末	無	第16回
⑦	1969	天と地と	戦国	無	第50回
⑧	1970	樅ノ木は残った	江戸期	無	総集編第2部
⑨	1971	春の坂道	徳川三代	無	最終回（第52回）
⑩	1972	新・平家物語	源平	無	総集編（上の1）
⑪	1973	国盗り物語	戦国	無	総集編（前編）
⑫	1974	勝海舟	幕末	無	総集編（前編） 総集編（後編）
⑬	1975	元禄太平記	江戸期	無	総集編（前編）
⑭	1976	風と雲と虹と	平安中期	無	総集編（前編）
⑮	1977	花神	幕末	無	総集編（5）
⑯	1978	黄金の日日	戦国	無	総集編（1）
⑰	1979	草燃える	源氏三代	無	総集編（1）
⑱	1980	獅子の時代	幕末〜明治	「方言指導」飯田テル子・金子正・中沢敦子・藤あゆみ	総集編（1）
⑲	1981	おんな太閤記	戦国	無	総集編（1）
⑳	1982	峠の群像	江戸期	「方言指導」桜田千枝子	総集編（1）

脚本	原作	主人公	主な配役	ストーリー
小山内美江子	山岡荘八	徳川家康	滝田栄	300年間もの長きにわたる平和と繁栄の礎を築いた徳川家康。現代にも通じる政治手腕と経営術を、人間味あふれる姿を通して描く。
市川森一・香取俊介	山崎豊子	天羽賢治 天羽忠	松本幸四郎 西田敏行	父祖の国・日本と、母なる国・アメリカの2つの祖国の間で揺れるアメリカ移民二世。彼らの太平洋戦争時の苦悩と悲劇に迫る昭和史大河。
中島丈博	杉本苑子	川上貞奴	松坂慶子	日本の女優第1号の川上貞奴と、新演劇の旗手･川上音二郎を中心に、文明開化や明治・大正の世相を背景に描く群像ドラマ。
橋田壽賀子（作）	——	岩田（高原）未希	三田佳子	終戦から40年間の戦後の世相を背景に命と心の大切さを、女医・高原未希の姿を通して伝えたヒューマン・ストーリー。
ジェームス三木	山岡荘八	伊達政宗	渡辺謙	一代で仙台62万石の礎を築いた伊達政宗の波乱の生涯を通して知恵と才覚で苦境を乗り切る男の姿をダイナミックに描いた戦国ドラマ。
田向正健	新田次郎	武田信玄	中井貴一	国のために骨肉の情を断ち、絶大なる組織力と統率力で群雄を震撼させた、武田信玄の力強い生き方を描いた。
橋田壽賀子（作）	——	春日局 （おふく）	大原麗子	三代将軍・徳川家光の乳母として政治にまで影響を与えた春日局。戦国の世の終焉と徳川幕府の草創期をその生涯とシンクロさせて描く。
小山内美江子	司馬遼太郎	西郷隆盛 大久保利通	西田敏行 鹿賀丈史	幕末～明治という激動の時代を先導した西郷隆盛と大久保利通。二人の友情と対立を軸に、近代国家建設に奔走した人々に焦点を当てる。**【初の方言ナレーション大河】**
池端俊策・仲倉重郎	吉川英治	足利尊氏	真田広之	鎌倉幕府を滅亡に導き、その後に建武の新政に背いて室町幕府の初代将軍となった足利尊氏の波乱の生涯。
田向正健（作）	——	織田信長	緒形直人	戦国のカリスマ武将・織田信長の波乱の生涯と、激動する日本をポルトガル人宣教師の目を通して、新しいタッチで捉えた。
山田信夫・水谷龍二	陳舜臣	楊啓泰	東山紀之	独自の歴史と文化を持ちながら薩摩の侵略を許し、属国となった琉球王国。現代に続く沖縄の悲哀とアイデンティティーを若者の群像劇として描く。**【共通語台詞大河。放送終了後、要請を受け、ウチナーグチ版総集編が制作され、沖縄県内限定で放送】**
中島丈博	高橋克彦	藤原経清・藤原清衡・藤原泰衡	渡辺謙 村上弘明	黄金の国にユートピアと義を求めた藤原氏の悲願の行方を三部構成で描き、注目されることの少なかった平安の東北史を取り上げた意欲作。
市川森一（作）	——	日野富子	三田佳子	希代の悪女と呼ばれた日野富子と将軍義政の間に起こる夫婦のすれ違い。10年にわたり政治を揺るがした応仁の乱を人々の心の闇に重ね合わせた。
ジェームス三木（作）	——	徳川吉宗	西田敏行	運命のいたずらによって将軍となり幕府中興の祖と呼ばれた吉宗。合戦のない時代、財政に困窮した徳川幕府を独特の才覚で盛り返した。
竹山洋	堺屋太一	豊臣秀吉	竹中直人	武将の個性が花開いた戦国時代に天下人にのぼりつめた秀吉の物語。心の機微を見抜いて問題解決をしながら出世するサラリーマン太閤記。
内舘牧子	永井路子	毛利元就	中村橋之助	戦国時代において、家を長く存続させるという使命に燃えた毛利元就。大国に囲まれた小国ながら緻密な策略を巡らせ50代後半から飛躍した。
田向正健	司馬遼太郎	徳川慶喜	本木雅弘	激変する時代の波に飲み込まれながら最後の将軍として生きた徳川慶喜。知力を傾け大政奉還を成し遂げた波乱の人生を、江戸庶民の視点から描く。
中島丈博	舟橋聖一	大石内蔵助	中村勘九郎	江戸バブル期の元禄時代、赤穂事件に政治的な背景があったという新解釈。男女の愛憎もふんだんに絡めて百花繚乱、色彩豊かに描いた忠臣蔵。
ジェームス三木（作）	——	徳川家康・徳川秀忠・徳川家光	津川雅彦・西田敏行・尾上辰之助	家康･秀忠･家光。徳川の礎を築いた彼らを家紋の三葉葵になぞらえ、親子、夫婦間など三人三様の心の葛藤から人間の生き方を問うた。

作品番号	放送年	タイトル	時代設定	「方言指導」記載	クレジットロール確認回
㉑	1983	徳川家康	戦国～江戸期	無	総集編（1）
㉒	1984	山河燃ゆ	昭和初期	「方言指導」飯田テル子	総集編（1）
㉓	1985	春の波濤	明治～大正	「方言指導」大原穣子・池田武志・渡部猛 「英語指導」松浦邦子 「仏語指導」渡邊佳子	総集編前編
㉔	1986	いのち	戦後	「方言指導」津島康一・相沢ケイ子	総集編第1部
㉕	1987	独眼竜政宗	戦国	無	総集編（1）～(5)
㉖	1988	武田信玄	戦国	「京言葉指導」堀井令以知・朝永桐世 「甲州弁指導」上野重義	総集編（1）
㉗	1989	春日局	徳川三代	無	総集編（1）
㉘	1990	翔ぶが如く	幕末～明治	「薩摩言葉指導」飯田テル子・西田清志郎 「京言葉指導」桜田千枝子 「土佐言葉指導」島田彰 「長州言葉指導」内田大貴	総集編第1部後編
㉙	1991	太平記	南北朝	無	スペシャル第1部　青春
㉚	1992	信長 KING OF ZIPANGU	戦国	「名古屋弁指導」芦沢孝子 「ポルトガル語指導」安部井シルビア 「公家言葉指導」朝永桐世	総集編（2）
㉛	1993	琉球の風	17世紀初頭	無	総集編第1部
㉜	1993	炎立つ	平安末期	無	総集編（前編）
㉝	1994	花の乱	室町	無	総集編第1部
㉞	1995	八代将軍　吉宗	江戸期	調査時未公開	調査時未公開
㉟	1996	秀吉	戦国	無	総集編第1部
㊱	1997	毛利元就	戦国	無	総集編第1部
㊲	1998	徳川慶喜	幕末	「御所言葉指導」堀井令以知 「京ことば指導」井上裕季子	総集編（1）
㊳	1999	元禄繚乱	江戸期	調査時未公開	調査時未公開
㊴	2000	葵　徳川三代	徳川三代	無	総集編（1）

脚本	原作	主人公	主な配役	ストーリー
井上由美子	高橋克彦	北条時宗	和泉元彌	骨肉の争いに明け暮れた北条政権。肉親との家督争いに巻き込まれながら蒙古襲来という未曾有の難局に立ち向かった若き執権・時宗の人生。
竹山洋（作）	——	前田利家・まつ	唐沢寿明 松嶋菜々子	自分を信じ、二人で一生懸命に生きれば、どんな困難も乗り越えられる。「人を信じる力」で奇跡を呼び、とことん伴侶を信じた戦国出世物語。
鎌田敏夫	吉川英治	宮本武蔵	市川新之助	生きて生きて強くなる！人間の弱さを克服し、戦国から江戸への動乱の世を、ダイナミックに駆け抜けた、剣豪・宮本武蔵の生涯。
三谷幸喜（作）	——	近藤勇	香取慎吾	悲惨な運命を知る由もなく、幕末の京都の治安維持に邁進し、武士らしさを貫いた新選組局長・近藤勇と仲間たちの青春群像劇。
金子成人	宮尾登美子	源義経	滝沢秀明	弟・義経の「情」、兄・頼朝の「理」。親子・兄弟・主従の絆、情愛、裏切り……。人との関わりの中で葛藤し苦悩する、心やさしき義経像を活写。
大石静	司馬遼太郎	千代・山内一豊	仲間由紀恵 上川隆也	愚直で凡庸な武将・山内一豊を、愛嬌と度胸と知恵で支える妻・千代。戦国を懸命に生き、一国一城の主になる夢を叶えた、夫婦の愛の物語。
大森寿美男	井上靖	山本勘助	内野聖陽	戦は、我が人生の如し……。稀代の軍師として名を馳せた武田家家臣、山本勘助の夢と野望に満ちた生涯を描いた戦国ロマン。
田渕久美子	宮尾登美子	天璋院（篤姫）	宮﨑あおい	女の道は一本道……。激動の幕末におのれの信念を貫き、徳川家存続に尽力した第 13 代将軍・家定の御台所・篤姫の、ひたむきに生きた生涯を描く。
小松江里子	火坂雅志	直江兼続	妻夫木聡	「利」を求めて謀略や裏切りがはびこる戦国時代にあって、上杉景勝に忠誠を捧げ、「義」と「愛」を貫いた武将・直江兼続の生涯を描く。
福田靖（作）	——	坂本龍馬	福山雅治	土佐から江戸、そして世界へ。日本を変えるために奔走した幕末の風雲児・坂本龍馬の 33 年の生涯を、日本屈指の経済人・岩崎弥太郎の視点で描く。
田渕久美子（作）	——	江	上野樹里	信長の妹・市と名将・浅井長政の間に生まれた三姉妹、淀、初、そして江。戦乱に人生を翻弄された三姉妹と戦国の英雄たちが織りなす愛の物語。
藤本有紀（作）	——	平清盛	松山ケンイチ	今まで天下の大悪人として描かれてきた平清盛を先見的で躍動感あふれる男として壮大なスケールで描く。
山本むつみ 吉澤智子 三浦有為子	——	新島八重	綾瀬はるか	会津武士道の魂を守り抜き、生涯自分の可能性に挑み続け、すべての人の幸福を願った新島八重と、その仲間たちの愛と希望の物語。東日本大震災復興応援ドラマ。**【複数人による「会津ことば指導体制」。初の方言ヒロイン大河】**
前川洋一	——	黒田官兵衛	岡田准一	「この男がいなければ秀吉の天下はなかった」といわれた天才軍師・黒田官兵衛。戦国の乱世を見事に生き抜いた官兵衛の生涯を描く。
大島里美・宮村優子・金子ありさ・小松江里子	——	杉文	井上真央	吉田松陰の妹・文を中心に、困難を乗り越える家族の絆と、松陰の志を継いだ若者たちの青春群像を壮大なスケールで描く。
三谷幸喜	——	真田信繁	堺雅人	戦国時代最後の名将、真田幸村。家族とともに乱世を生き延びていくために、迷い、悩み、苦しみながら成長していく家族愛にあふれた物語。
森下佳子	——	井伊直虎	柴咲コウ	戦国時代に男の名で家督を継いだ「おんな城主」がいた。遠江・井伊家の当主、井伊直虎。自ら運命を切り開き、戦国を生き抜いた女の激動の生涯を描く。
中園ミホ	林真理子	西郷隆盛	鈴木亮平	極貧の下級武士にすぎなかった男・西郷隆盛（西郷どん）が、盟友と出会い、揺るぎなき「革命家」へと覚醒し、やがて明治維新を成し遂げていく物語。**【「薩摩ことば」に字幕なし】**

作品番号	放送年	タイトル	時代設定	「方言指導」記載	クレジットロール確認回
㊵	2001	北条時宗	鎌倉中期	「御所ことば指導」堀井令以知・井上裕季子 「モンゴル語指導」フフバートル 「高麗語指導」金裕鴻	総集編 (前編)
㊶	2002	利家とまつ 加賀百万石物語	戦国	無	総集編（前編）
㊷	2003	武蔵 MUSASHI	戦国～江戸期	調査時未公開	調査時未公開
㊸	2004	新選組！	幕末	「京ことば指導」井上裕季子 「土佐ことば指導」岡林桂子 「薩摩ことば指導」西田聖志郎 「御所ことば指導」堀井令以知	スペシャル第 3 部
㊹	2005	義経	源平	「京・御所ことば指導」小林由利 「駿河ことば指導」小林幸彦	総集編第 1 部
㊺	2006	功名が辻	戦国	無	スペシャル前編・後編
㊻	2007	風林火山	戦国	「御所ことば指導」堀井令以知 「京ことば指導」井上裕季子 「山梨ことば指導」笠井一彦	総集編第 1 部
㊼	2008	篤姫	幕末	「薩摩ことば指導」西田聖志郎 「御所ことば指導」堀井令以知 「京ことば指導」井上裕季子 「土佐ことば指導」岡林桂子	総集編（5）
㊽	2009	天地人	戦国	無	総集編第 1 回 『天』の章
㊾	2010	龍馬伝	幕末	「土佐ことば指導」岡林桂子・馬場雅夫 「会津ことば指導」河原田ヤスケ 「御所ことば指導」堀井令以知 「京ことば指導」井上裕季子 「長州ことば指導」一岡裕人 「薩摩ことば指導」西田聖志郎	第 36 回放送
㊿	2011	江	戦国時代	「上方ことば指導」井上裕季子 「尾張ことば指導」稲垣あけみ	総集編第 1 章 DVD
51	2012	平清盛	平安期	（クレジットロール確認できず）	総集編第 1 部 DVD
52	2013	八重の桜	幕末～明治	「会津ことば指導」新國弘子・河原田ヤスケ・小暮智美 「薩摩ことば指導」中村章吾 「長州ことば指導」一岡裕人 「土佐ことば指導」岡林桂子 「肥後ことば指導」前田こうしん 「英語指導」塩屋孔章	第 1 回・第 15 回 DVD
53	2014	軍師官兵衛	戦国時代	「京ことば指導」井上裕季子 「朝鮮語指導」グ・ミンジ	総集編前後編 DVD
54	2015	花燃ゆ	幕末	「ろう指導」米内山明宏 「長州ことば指導」一岡裕人	第 1 回
55	2016	真田丸	戦国時代	記載なし	第 1 回
56	2017	おんな城主　直虎	戦国時代	「遠州ことば指導」小林幸彦	第 1 回
57	2018	西《せ》郷《ご》どん	幕末維新期	「薩摩ことば指導」	第 1 回

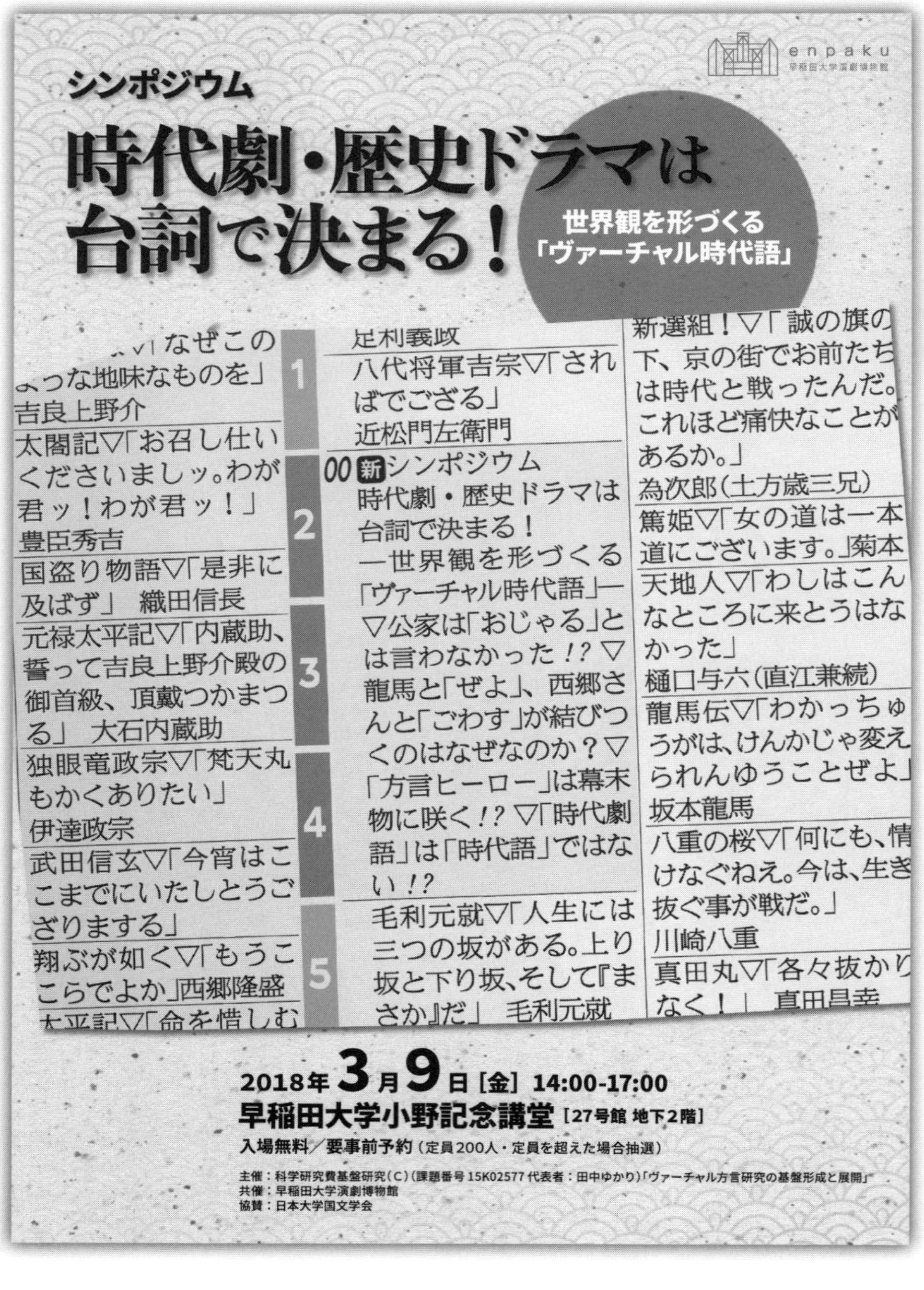
enpaku
早稲田大学演劇博物館
シンポジウム
時代劇・歴史ドラマは台詞で決まる！
世界観を形づくる「ヴァーチャル時代語」
吉良上野介
太閤記▽「お召し仕いくださいましッ。わが君ッ！わが君ッ！」豊臣秀吉
国盗り物語▽「是非に及ばず」　織田信長
元禄太平記▽「内蔵助、誓って吉良上野介殿の御首級、頂戴つかまつる」　大石内蔵助
独眼竜政宗▽「梵天丸もかくありたい」伊達政宗
武田信玄▽「今宵はここまでにいたしとうござりまする」
翔ぶが如く▽「もうここらでよか」西郷隆盛
八代将軍吉宗▽「さればでござる」
近松門左衛門
00 新 シンポジウム
時代劇・歴史ドラマは台詞で決まる！
―世界観を形づくる「ヴァーチャル時代語」―
▽公家は「おじゃる」とは言わなかった !? ▽龍馬と「ぜよ」、西郷さんと「ごわす」が結びつくのはなぜなのか？▽「方言ヒーロー」は幕末物に咲く !? ▽「時代劇語」は「時代語」ではない !?
毛利元就▽「人生には三つの坂がある。上り坂と下り坂、そして『まさか』だ」　毛利元就
新選組！▽「誠の旗の下、京の街でお前たちは時代と戦ったんだ。これほど痛快なことがあるか。」為次郎（土方歳三兄）
篤姫▽「女の道は一本道にございます。」菊本
天地人▽「わしはこんなところに来とうはなかった」樋口与六（直江兼続）
龍馬伝▽「わかっちゅうがは、けんかじゃ変えられんゆうことぜよ」坂本龍馬
八重の桜▽「何にも、情けなぐねえ。今は、生き抜ぐ事が戦だ。」川崎八重
真田丸▽「各々抜かりなく！」
2018年3月9日［金］14:00-17:00
早稲田大学小野記念講堂［27号館 地下2階］
入場無料／要事前予約（定員200人・定員を超えた場合抽選）
主催：科学研究費基盤研究（C）（課題番号 15K02577 代表者：田中ゆかり）「ヴァーチャル方言研究の基盤形成と展開」
共催：早稲田大学演劇博物館
協賛：日本大学国文学会

一般公開シンポジウム

◆時代劇・歴史ドラマは台詞で決まる！
　―世界観を形づくる「ヴァーチャル時代語」―◆

日　　時：2018年3月9日（金）14時～17時
　　　　　無料一般公開シンポジウム
会　　場：早稲田大学小野記念講堂（27号館地下2階）
　　　　　〒169-8050　東京都新宿区西早稲田1-6-1
主　　催：科学研究費基盤研究（C）（課題番号15K02577　代表者：田中ゆかり）
　　　　　「ヴァーチャル方言研究の基盤形成と展開」
共　　催：早稲田大学演劇博物館
協　　賛：日本大学国文学会

【プログラム】

14:00-15:00　第一部
「役割語としてのヴァーチャル時代語」
金水敏（大阪大学大学院文学研究科教授）
「方言ヒーロー／ヒロインは、幕末ものに咲く！」
田中ゆかり（日本大学文理学部教授）
「歌舞伎研究からみた〈時代劇〉―〈過去〉と〈いま〉を揺れ動く―」
児玉竜一（早稲田大学演劇博物館副館長・同大文学学術院教授）

15:00-15:15　休憩

15:15-15:35　第二部
「時代劇らしさVSリアルな人間らしさ―時代劇のセリフ作り―」
吉川邦夫［NHKエンタープライズ エグゼクティブ・ディレクター］
大森洋平［NHKドラマ番組部 シニア・ディレクター 時代考証担当］

15:35-16:30　公開座談会（全員）

16:30-17:00　質疑応答（フロア含む）

おわりに

◉田中ゆかり

本シンポジウムには、前段があります。

二〇一四年三月二二日に今回と同じ早稲田大学小野記念講堂にて開催されたシンポジウム「ドラマと方言の新しい関係―『カーネーション』から『八重の桜』、そして『あまちゃん』へ―」（主催：科学研究費基盤研究（B）「役割語の総合的研究」課題番号23320087 代表者：金水敏、共催：早稲田大学演劇博物館・日本大学国文学会）です。その折には、「ヴァーチャル方言」を手がかりにテレビドラマ、とくにNHKの連続テレビ小説と大河ドラマを中心に仮想世界のありようと変遷を捉えようと試みました。

その記録を兼ねたシンポジウムと同タイトルの冊子（二〇一四年、笠間書院）「おわりに」における希望的予告「続弾、続続弾もあるかもしれない」を四年の時を経て実現したのが、本シンポジウムです。

前回は、日本語社会における地理的空間を表現するツールとしての仮想の地域方言（ヴァーチャル方言）に着目しました。今回は、日本語社会における時代的空間を表現するツールとしての仮想の時代語（ヴァーチャル時代語）に光を当てた次第です。

前回のコアメンバーであった金水・田中を中心に、虎視眈々と？　次の機会を狙っていたわけですが、制作統括をされた『真田丸』（二〇一六年放送）の放送期間が終わったところでの吉川邦夫さんとの二〇一七年一月の「ヴァーチャル時代語」についてのディスカッションが本シンポジウム開催に踏み出す大きなはずみとなりました。そこでは、本冊子の中でも言及のある同作に登場する架空の人物「きり」の台詞が現代語ベースであった意味、「寧《ねい》」は元々共通語キャラとする予定であったところ、訳あって尾張弁キャラに変更されたことなどが熱く語られました。

そこから、「ヴァーチャル時代語」を考えるならば、時代考証担当の大森洋平さん、古典芸能の歌舞伎を専門とする児玉竜一さん……と登壇者の顔ぶれが徐々に定まり、対面打ち合わせと百通を軽く越えるメイル打ち合わせを経て、シンポジウム当日を迎えることになったわけです。本番はもちろんですが、この「打ち合わせ」も、じつに楽しいものでした。その私たちのわくわく感の一端は、本冊子・Part.3 の公開インタビューやフロアとのやりとりからうかがえると思います。

本シンポジウムは、科学研究費基盤研究（C）「ヴァーチャル方言研究の基盤形成と展開」（課題番号 15K02577 代表者：田中ゆかり（主催）、共催：早稲田大学演劇博物館、協賛：日本大学国文学会によるものです。

前回の企画にはご登壇いただくなど深く関わってくださった早稲田大学演劇博物館館長・同大文学学術院教授の岡室美奈子先生には、今回も企画のはじまりから実現までさまざまな局面で、適切なアドバイスや多大なお力添えを賜りました。厚くお礼申し上げます。

早稲田大学演劇博物館スタッフの安藤弘隆さん・木村あゆみさん（広報担当）・草山高志さんには準備・事前申し込み対応から当日まで、日本大学文理学部国文学科・田中ゼミ生の遠藤あかりさん・金子允也さん・斉藤里奈さん・鈴木美優さん・徳田萌乃さん（以上、当時四年生）・遠藤希さん・高橋満里奈さん・田村祥子さん・村上裕美さん（以上、当時三年生）、同国文学科元副手の竹中あづみさんには直前準備と当日運営にご尽力いただきました。本当にありがとうございました！

また、主催科研費の研究分担者である林直樹さん（日本大学文理学部若手特別研究員［当時］、現在は、日本大学経済学部専任講師）には、本シンポジウム事務局ならびに本冊子編集協力者として、この企画全体に大きく関わっていただきました。

本冊子をまとめるに際しては、笠間書院と重光徹さんにお世話になりました。ポスター・フライヤー・Web案内用のアイコンならびに本冊子表紙デザインは、坂本麻衣さんに、冊子内のイラストは森田伸さんにお願いしました。また、写真の一部は、日本大学本部広報課の提供によるものです。

他にもさまざまなかたちで応援してくださった方、関心をもって下さった方、シンポジウムにご来場くださった方（予定の二〇〇席を越える事前申し込み、まことにありがとうございました）、すべての方に心よりお礼申し上げます。どなたがいらっしゃらなくても、ここには至らなかったと思います。

本冊子 Part.3・公開インタビューにもあるように、本シンポジウムを通じ、テーマとした「ヴァーチャル時代語」に限っても、古典芸能や各種話芸、文芸、演劇、映画、マンガ、アニメなどの他メディアとの関わりや、他のテレビドラマなどとの関わりなど「今後の課題」も明らかとなりました。シンポジウム来場者にご回答いただいたアンケートからも、多様な課題を読み取ることができたのと同時に、本テーマに対する関心は、研究者に留まるものではないことを実感しました。つまり、本テーマには、さらなる展開の可能性がまだまだありそうだ、ということです。またの機会があれば、みなさまどうぞよろしくお願いいたします！

二〇一八年九月
田中ゆかり

時代劇・歴史ドラマは台詞で決まる！

―世界観を形づくる「ヴァーチャル時代語」―

編著者

田中ゆかり

（日本大学文理学部教授）

金水　敏

（大阪大学大学院文学研究科教授）

児玉竜一

（早稲田大学演劇博物館副館長・同大文学学術院教授）

協力・執筆

吉川邦夫

（NHK エンタープライズ エグゼクティブ・ディレクター［当時］

現・NHK 放送文化研究所メディア研究部副部長）

大森洋平

（NHK ドラマ番組部 シニア・ディレクター 時代考証担当）

編集協力

林　直樹

（日本大学経済学部専任講師）

平成 30（2018）年 11 月 30 日　初版第 1 刷発行

ISBN978-4-305-70872-4 C0081

発行者

池田圭子

発行所

〒 101-0064

東京都千代田区神田猿楽町 2-2-3

笠間書院

電話 03-3295-1331　Fax03-3294-0996

web:http://kasamashoin.jp

mail:info@kasamashoin.co.jp

装丁デザイン原案　坂本麻衣

イラスト　森田伸

組版　ステラ／印刷・製本　モリモト印刷